从众陷阱

[美]托德·罗斯（Todd Rose）_ 著　郭舫 黄邦福 _ 译

浙江教育出版社·杭州

图书在版编目（CIP）数据

从众陷阱 /（美）托德·罗斯（Todd Rose）著；郭舫，黄邦福译 . -- 杭州：浙江教育出版社，2024. 11.
ISBN 978-7-5722-8525-7

Ⅰ . C912.68-49

中国国家版本馆 CIP 数据核字第 2024GB3752 号

责任编辑 赵露丹　　　　　**美术编辑** 韩　波
责任校对 马立改　　　　　**责任印务** 时小娟
产品经理 张金蓉　易　雪

Collective Illusions by Todd Rose
Copyright © 2022 by Todd Rose
Published by arrangement with Javelin Literary through Andrew Nurnberg Associates Ltd.
Simplified Chinese translation copyright © 2024
by Beijing Xiron Culture Group Co., Ltd.
All Rights Reserved.
浙江省版权局著作权合同登记号　图字：11-2024-282

从众陷阱
CONGZHONG XIANJING

［美］托德·罗斯（Todd Rose）　著　　郭　舫　黄邦福　译

出版发行	浙江教育出版社
	（杭州市环城北路 177 号　电话：0571-88900883）
印　　刷	三河市中晟雅豪印务有限公司
开　　本	700mm×980mm　1/16
成品尺寸	166mm×235mm
印　　张	16.75
字　　数	223000
版　　次	2024 年 11 月第 1 版
印　　次	2024 年 11 月第 1 次印刷
标准书号	ISBN 978-7-5722-8525-7
定　　价	59.80 元

如发现印装质量问题，影响阅读，请联系 010-82069336。

CONTENTS
目录

序言

榆树谷的秘密 　　　　　　　　　　　　　　　　　　　　001
当代人的普遍性误解 　　　　　　　　　　　　　　　　　005
个人力量 VS 群体共谋 　　　　　　　　　　　　　　　　009
每个人都是这个时代的共谋者 　　　　　　　　　　　　 013

上篇　从众陷阱

第 1 章　皇帝的新衣，无处不在

要相信自己。要独立思考。不要人为亦为。不要人云亦云。要做你自己。
——马文·柯林斯（Marva Collins）

模仿陷阱：如此珍贵的肾脏，为何被废弃	022
波哥大市的哑剧"交警"	026
那么多人，不可能会错	029
人人可能患上"躁狂症"	032
当心职业喝彩人	036
"自信的骗子"如何欺骗最聪明的人	039
专家为何编造"荒唐的建议"	043
"为什么"的力量	046

第 2 章　撒谎与归属感

个体随时都要努力防止自己被群体淹没。
——弗里德里希·尼采（Friedrich Nietzsche）

身份陷阱：我背叛了我的价值观	050

我们 VS 他们	054
可怕的社交排斥	058
反叛的选择：应该怎样处罚约翰尼	062
苏珊的困境：这份工作太"坑"了，怎么办	065
先假装，直到成真	068
避开"身份陷阱"：扩大你的社交组合	073

第 3 章　沉默即背叛

有时候，沉默就是背叛。
——马丁·路德·金（Martin Luther King JR）

共识陷阱："我心知肚明，但我坚决不说"	078
为什么我们如此害怕被孤立	081
"我绝不会唱反调"	085
旁观者的困境	088
沉默癌细胞	092
陷入"沉默螺旋"	098
质疑的种子，长出勇敢的花	102

中篇 社会困境

第 4 章 小变色龙

我们有一半是毁于从众,
但如果不从众,我们就会完全毁灭。
——查尔斯·沃纳(Charles Dudley Warner)

为什么你会怀疑自己的眼睛　　　　　　　　　110
猿猴与婴儿　　　　　　　　　　　　　　　　113
人人都有模仿的欲望　　　　　　　　　　　　115
抢购狂潮:你想要的,我也想要　　　　　　　120
那边的草可能更绿　　　　　　　　　　　　　123

第 5 章 追随幽灵

我认为,我们每个人都被幽灵缠身……
它不只是我们得自父母、出没于我们身上的那些东西,
还有各种各样已经死亡的观点、毫无生命的老旧观念等等。
它们毫无活力,但仍然缠着我们,让我们无法挣脱。
——亨利克·易卜生(Henrik Ibsen)

礼仪是身份的彰显　　　　　　　　　　　　　132
归属感:每个人都在群体之中　　　　　　　　136

| 我们的大脑喜欢秩序 | 141 |
| "老实人"谬误 | 147 |

第6章 谬误统治

最易存在谬误的故事，
就是我们自以为很熟悉，因而从未审视或质疑过的那些故事。
——斯蒂芬·杰·古尔德（Stephen Jay Gould）

从众性的"黑暗隧道"	156
小心空隙	159
你会读心术就好了	162
信息爆炸：社交媒体里的噪声	166
友谊悖论：哈哈镜屋子里的生活	172
代际后果：孩子们会被影响吗	176

下篇　重拾力量

第 7 章　自我一致的力量

做真实的自己，此乃三生有幸。
——卡尔·古斯塔夫·荣格（Carl Gustav Jung）

如果你不得不自我欺骗	184
分裂的生活，被撕碎的自我	188
滑坡效应	191
自我价值感缺失	194
我们不是纯粹的功利主义者	199
选择真诚，还是选择真实	202
"诚"——源自中国的概念	205
自我一致能为你带来什么	208

第 8 章　信任陌生人

人类社会能团结一致，
不只是因为共同利益，还是因为相互信任。
——亨利·门肯（H. L. Mencken）

如果你对外界失去信任感	212
不信任偏误：家长主义的代价	215

人人都可疑 220
不信任错觉 223
我们的共同价值观 226
信任产生信任 228
信任游戏：撬动更多的信任 231
泰勒主义的反面：根除不信任偏误 234
建立信任度更高的社会规则 239

第9章　活得真实

世界因人们看待世界的方式而改变，
因此，如果你能够改变人们看待现实的方式，
哪怕只改变一点儿，你就能改变这个世界。
——詹姆斯·鲍德温（James Baldwin）

沦为弱者 244
如何自愈 246
正向偏差模式 250
重拾力量 254

致谢 257

真正的问题是:更美好的未来是否真的总是那么遥远?
倘若它早就存在,只是因为我们的失明和软弱,
没能看见它就在我们的内心、就在我们周围,
从而未能让它进化呢?

——瓦茨拉夫·哈维尔(Vaclav Havel)

榆树谷的秘密

> 折磨我们的，往往是想象，而不是真实。
>
> ——塞涅卡（Senaca）

纽约伊顿小镇，那座与邮局相连的假灯塔令人着迷，是以前叫作塔楼加油站的建筑物的一大遗迹。两层塔楼刷着红白相间的油漆，呈螺旋状，让人想到理发店的彩柱招牌。它窥视着这个坐落于纽约"肚脐"深处、只有几千人口的小镇。大约一个世纪前，灯塔静静地矗立在那里，见证了你未曾听闻的最重要的一次社会心理学研究。

1932年，一位来自雪城大学、名叫理查德·施恩克（Richard Schanck）的博士生来到这个小镇。当时，社会心理学还是全新的领域，作为该领域开创性的研究者之一，施恩克想研究作为个体的人是如何体验社群生活的。他之所以选择伊顿小镇（在其长达128页的博士论文中，他称之为"榆树谷"），是因为它是一个关系紧密的小型宗教社区，远离复杂的都市生活，人人都彼此熟悉。同所有小镇一样，榆树谷居民也热心地盯着彼此，坊间流传的闲言碎语悄然为每个人贴上标签。小孩放学回家路上摘了邻居的一个苹果，或者有人深夜匆忙回家途中被树根绊倒，肯定都会有人注意到。

榆树谷居民知道，施恩克来这里是为了研究他们的社会行为，但他们很快就把这位来自大城市的学者及其妻子当作了自己人。在三年的小镇生活中，施恩克夫妇同榆树谷居民们成了朋友，融入了这个社群。夫妇俩每逢礼拜日都会去教堂，因此，他们也受邀参加小镇上的洗礼、婚礼和葬礼，还受邀去参加人们的家庭晚宴。

施恩克随身带着一个笔记本，记下他观察到的小镇居民的行为。他询问他们对公共行为规则的看法——尤其是他们对教堂布道坛发布的各种社会禁忌的看法。

他问："洗礼应该采用浸洗礼还是洒水礼？"

"礼拜日去剧场可以接受吗？"

"可以玩人头牌扑克游戏吗？"（源于新教徒仇恨英国王室以及嗜赌肮脏观念的一种禁忌）。在公众场合，答案几乎千篇一律：他询问的绝大多数居民都认为，即使是用人头牌扑克玩其他游戏（比如桥牌）也应该被禁止。

在榆树谷待了一年后，施恩克发现：榆树谷人和他们在教堂以及别的地方假装的那种人不太一样。他们公开宣称要如何如何去保持健康的习惯，私下却开心地抽着烟。他们还喜欢其他有"原罪"的乐子，比如喝威士忌酒、烈性苹果酒和杜松子酒，偷偷在家玩人头牌扑克游戏。

对此，施恩克感到迷惑不解：为什么会出现这种行为与意志相悖的现象？他们为什么会私下一套、当众又一套呢？

私下交谈时，施恩克请求他的新朋友们实言相告。为了弄清楚出现背离的原因，他问了他们一个问题，这个问题的答案将永远改变我们对公众舆论的认知方式——也是直接促成本书问世的一大原因。

他问："你认为，这个社区的多数人如何看待抽烟、喝酒、打桥牌？"

他得到的回答是："多数人都会说，这些行为都是不可饶恕的原罪。"[1]

例如，77%的榆树谷人告诉施恩克，他们本人觉得玩人头牌扑克游戏并没有什么问题，但他们相信社区里多数人都赞成严禁玩人头牌扑克游戏。然而，他们不知道的是，他们自己其实就是沉默的大多数中的一员。接近3/4的榆树谷人都沉迷于这种"恶行"，但他们都秘而不宣。就连年轻而直率的牧师弗格森先生，私底下其实也是一个忠实的桥牌自由主义者，尽管他在公众场合对桥牌持有原教旨主义立场。

施恩克还向小镇居民询问了其他的宗教和世俗问题，包括是否应该和邻近社区共建一所新中学（争执特别激烈，甚至引发了斗殴），结果同样出现了类似的行为分裂现象。人们的公开意见和私下想法之间存在这种奇怪的"鸿沟"，让施恩克感到不解，他得出的结论是：人们采取多数人立场的程度，恰好是其他人认为他们是可接受的小镇成员的程度。但他们为什么遵循个体和群体都不喜欢的那些规范呢？小镇居民彼此之间怎么会存在如此误解呢？

就在这个时候，他意识到了一位名叫索尔特的孀居贵妇的文化控制力。她的父亲以前是弗格森所在教堂的牧师，因此，索尔特夫人自称代表着该教堂的历史和伦理规范。她也是该教堂最大的施主，弗格森先生得靠她领薪水。

索尔特夫人用她的铁腕控制了整整一代小镇人。凭借自己的个性力

---

[1] 非原话引用。——作者注（本书没有特别说明均为作者注）

量,她规定着人们在公众场合要怎么做、怎么说。

"索尔特是一个精力充沛的女人,习惯对公共话题表达自己的观点。"施恩克写道,"人们经常听见教堂宣扬她的观点,然后就将她的观点视为小镇居民的代表性看法,根本没有评判到底有多少人会像她那样相信这些。"

然而,这位年迈的女士去世之后,情况开始发生变化。就在她去世后不久的一天晚上,那位似乎是原教旨主义者的牧师和他的妻子参加了桥牌派对,当众玩起了人头牌扑克游戏。这个现象立即引发了一波闲言碎语,如野火般传遍了整个榆树谷。如果牧师能玩桥牌,那还有谁不能玩呢?人们在交谈中相互坦白,说他们也不反对玩桥牌。他们开始说出自己心中的疑惑:他们还在哪些事情上做错了?"魔咒"就此被打破。

理查德·施恩克总结说,榆树谷居民愿意听从索尔特夫人,是因为他们(错误地)相信她代表着多数人的看法。施恩克告诉我们:人们(哪怕是小镇上的人们)并非像他们所认为的那样彼此了解。他的研究表明:"音量高"的极少数人(在榆树谷只有一个人)可以轻易地代表和误导群体中的其他人。由此,他的研究让我们第一次窥见了本书的主题。

----◆◆◆◆----

施恩克博士是最先研究我称之为"群体错觉"(collective illusion)[1]的

---

[1] 历史上,学者们将这种现象称为"多数的无知"(pluralistic ignorance),不过,我认为该术语不太恰当,让人困惑。处于群体错觉中的个体,其问题不是他不知道群体的想法,而是他认为自己知道但认为自己是错的。这不是无知;这是错觉。

学者之一。简单地说，群体错觉就是社会谎言。某个群体中的多数个体私下都反对某个想法，但想当然地认为其他多数人都接受这个想法，因而也接受这个想法，这就是群体错觉。个体服从他们所认为的群体需要，但最终谁也不需要他们的所为。这就是群体错觉的"黑暗魔法"。

最著名的群体错觉例子，是汉斯·安徒生1837年出版的童话故事《皇帝的新衣》。这个故事家喻户晓：两个骗子说服自负的皇帝，为他缝制精美的新衣。他们说新衣异常漂亮，但只有聪明人才能看见。自然，谁也不想被视为笨蛋，因此，即使新衣根本就不存在，每个人也都附和骗子。皇帝在城里巡游，趾高气扬、几乎一丝不挂。直到一个小男孩说出了真相，这个"魔咒"才被解除。

如果群体错觉只限于童话故事或宗教领域，那它就不会显得如此重要，本书也没有写作的必要。很不幸，情况并非如此。在当今社会，群体错觉无处不在，而且危险性越来越大。

当代人的普遍性误解

如果我让你定义成功，你会选择下面哪个答案？

A. 成功是：追随自己的兴趣和才华，成为自己最感兴趣的领域里的出类拔萃者。

B. 成功是：富有、职业光鲜或知名度高。

好了，你认为**多数人**会选择哪个答案呢？

如果你自己选择的是 A 答案，但认为大多数人会选择 B 答案，那你就是活在群体错觉中。

这个问题来自 2019 年的一项研究：我的"民众智库"（Populace）调查了 5200 多人，询问他们对成功的个人看法。结果发现：97% 的人选择了 A 答案，但其中 92% 的人认为其他多数人会选择 B 答案。

这一发现还只是一个开始。为了让调查对象做出真实的个人权衡和选择，我们采用了规避社会压力影响的方法，结果发现：绝大多数人觉得，生活中最重要的成功标志是一些特质，诸如品格、良好的人际关系、教育等。然而，同样是这些人，他们认为其他多数人会优先选择财富、地位、权力等成功标志。

为了说得更清楚，我们来看看名气。在这项研究中，从 76 个备选的成功标志中，调查对象告诉我们，他们认为"出名"是其他美国人定义成功的唯一的、最重要的优先选项。但在个人层面，名气排名却垫底。

没错，私底下多数美国人对出名不感兴趣。但他们认为，在美国文化中，名气是大多数人的"北极星"。"民众智库"的这项研究结果很清楚：我们绝大多数人都希望追求有意义的、有使命感的生活；但我们同时也认为多数人的价值观和我们并不相同。因此，我们总是拧巴自己，尽力去符合我们以为的他人的期望。

个人成功并非"民众智库"发现的存在群体错觉的唯一领域。数年来，我的智库一直在关注各种重大的群体错觉现象，包括我们理想的生活方式、我们想居住的国家类型、对他人的信任度，甚至是我们对刑事司法、教育、医疗等机构的使命的看法。我们发现，美国社会生活中的所有重要领域几乎都存在群体错觉。

"民众智库"也不是这个领域里的唯一研究者。近年来，学者们发现，全球各个角落、各个社会的各个方面几乎都存在群体错觉。一切都染上了群体错觉的色彩，从我们对战争和气候变化的看法到我们的政治观点。它影响着我们对所有事物的态度，包括性别歧视、心理健康以及我们对身体魅力构成要素的看法。它影响着我们的道德行为，甚至影响着我们的食物选择。

例如，在美国，多数人都看重并希望利用雇主提供的各种家庭福利计划（弹性工作安排、资源转介计划、托儿补助等等）。然而，他们又认为大多数人并非如此。因此，受制于这种群体错觉，人们实际利用这些福利计划的可能性都较低，即使他们个人很想这么做。

不幸的是，群体错觉往往会放大人们的刻板印象。

在日本，大多数男性都想休陪产假，但认为其他日本男性大都不想休陪产假。因此，那些想休陪产假的男性休陪产假的可能性就会大大降低。

在美国加州，民主党人和共和党人都认为对方持有更极端的观点（实际情况并非如此），因而形成了对政治极化的自我应验式的错误认知。大多数美国学生运动员都对学业成绩持有积极的看法，但他们认为大多数其他学生运动员并非如此。因此，他们对学习成绩表现得漠不关心，最后影响了自己的学习表现、强化了群体错觉。

仅在过去 20 年里，群体错觉出现的频率和影响程度在不断上升，已经成为当今社会的一大标志性特征。毫无疑问，它会带来深远的后果。

以政治中的性别代表性问题为例。尽管女性占美国总人口的比例超过一半，但她们在美国政治生活中的代表性严重不足。性别歧视（明显的答案）只是造成这个问题的部分原因。事实上，"民众智库"进行的一项民意研究发现，79% 的调查对象都认同"女性和男性一样能胜任美国总统"。[1]而且，女性参加普选——不管是地方、州还是全国普选——获胜的概率其实和男性是相同的。[2]

但如果你问："女性和男性一样有候选资格吗？"一切就变了。原因在于：从最基本的层面上讲，候选资格是你认为其他人会怎么认为，而不是你认为哪个候选人最能胜任。

例如，政治学家雷吉娜·贝特森（Ragina Bateson）发现：就个人而言，多数人并不关心候选人的性别。然而，一旦他们得知某竞选人拥有与其他竞选人相同的资格且为白人男性，他们就会压倒性地认定他最有候选资格。

鉴于我们"赢者通吃"的政治结构，选民经常玩这种凸显社会偏见的"谁赢"游戏。他们会认为："我不是性别主义者，但其他人是，因此，我要投票给白人男性，因为我希望我的党派赢得选举。"这恰恰是群体错觉问题。事实上，你可能是地球上最没有性别歧视观念的人，但你对他人的误读可能会使你成为性别歧视的一部分，而你自己还没有意识到。

这并不是一个假设性的问题：2020年美国总统大选已经显露出这个问题。在民主党全国大会召开前夕的一项民意调查中，"雪崩战略"（Avalanche Strategy）公司询问选民：如果选举当天举行，他们会选谁？

调查对象给出的选择依次为：1）乔·拜登；2）伯尼·桑德斯；3）伊丽莎白·沃伦。

---

[1] "民众智库"未发表的调研数据。"Project Delta 2.0 Results," 2020, 7.
[2] 美国"反思民主运动"（"妇女捐赠者网络"发起的一个计划，致力于审视美国政治中的人口统计数据）对2018年美国大选所做的一项研究，调查了美国联邦、州和县层面的大约3.4万名竞选人，发现女性和有色竞选人获胜的比例与白人男性竞选人是相同的。

然而，当被问到：如果他们可以挥动"魔杖"，让那个人自动当选为总统，他们会选择谁？调查对象选择了伊丽莎白·沃伦，她轻易胜选。

贝特森将这种现象称为"战略歧视"（strategic discrimination）。她解释说，这里的问题"不是对候选人的敌视。相比于直接歧视，战略歧视的动机是认为候选人的身份会让其他人不给他或她捐款、动员或投票"。因此，"美国人认为，白人男性候选人最有候选资格，其次是黑人女性和白人女性，再次是黑人男性"。

不幸的是，群体错觉的影响并不仅限于政治领域。对于我们社会生活中几乎所有重要的事情，它都会造成重创。你随便举一个对你真正重要的事情，我都敢打赌：你对大多数人的真实想法的看法，至少一半都是错误的。而这还是保守的估计。

群体错觉拥有巨大的破坏力量，因此，我们必须清楚地了解它。而要做到这一点，我们首先就必须了解为什么会存在群体错觉。

个人力量 VS 群体共谋

公元 1 世纪时期，罗马从圣坛上跌落，不再是一个令人引以为豪的共和国，转而变成了自私而堕落的皇帝们相继统治下的愤世嫉俗的专制帝国。罗马公民被专横（如果还没有彻底疯狂的话）的皇帝们压在其强有力的大拇指之下，他们发现罗马根本没有法治，只有自我审查。说错话经常会让人失去生计（很多时候甚至会失去生命）。因此，最重要的是自我审查——也就是说，你可以按照自己的意愿私下生活，但不能当众表达你的真实想法。

我想，1世纪时期罗马公民的感受，与当今我们的感受在一定程度上是相似的。

我们来看看伟大的罗马政治家、戏剧家和哲学家塞涅卡（Seneca）。

塞涅卡出生于公元前4年，此时正处于罗马始皇帝奥古斯都的专横统治时期，他还近距离地目睹了提庇留的暴政、克劳狄的偏执、卡利古拉的变态以及尼禄的自恋。皇帝们即使赤身裸体，他也能一一认出来。虽然塞涅卡不敢当面批评他们，但他创作的戏剧、散文和演说词对皇帝们的恶行起着"解毒剂"的作用，而对于这些恶行，皇帝们身边的每一个人都是推动者、共谋者和顺从者。

塞涅卡是我愿意与之共进晚餐的历史人物之一。我发现他永远能激起我的兴趣，部分是因为他身上存在着诸多的矛盾。受过良好教育的他是罗马最富有的人之一，却宣扬禁欲生活；他是智者，却未能远离宫廷阴谋；他是精英主义者，却谴责同僚们的失控的生活方式；他是实用主义者，却研究人类的情绪（也感受到了情绪）。

塞涅卡最为人熟知的，是他所写的有关斯多葛主义的著作，这种哲学为众人所摒弃，把它简化为一种默默忍受、压抑情绪的自我约束。（现在，如果有人甘愿忍受艰难的处境，我们通常就会称之为"斯多葛人"。）但塞涅卡的斯多葛哲学要比这更为丰富、深刻，也更实用得多。

同所有斯多葛主义者一样，塞涅卡也相信：**消除痛苦的办法不在于外界，而在于我们每个人的内心。**他认为，要想过上满足的生活，你就不应该压抑自己的情绪，而应该为自己的情绪承担起责任（他称之为"自我塑造"）。最重要的是，他表明我们拥有的个人力量和自主能力要比我们意识到的强大得多。

塞涅卡还指出，恐惧、怨恨、嫉妒、色欲和其他情绪刚冒出来你就屈服于它们，会带来自我毁灭的结果——他认识的许多罗马皇帝任性冲动，夺走了很多人的生命，因而这种见解就显得尤为重要。为此，他给他的追随者提供了一个求知计划和简单可行的建议，以此来帮助任何人在任何情况下控制自己的情绪。他推断说，这样他们就不会被自己的情绪所控制。

例如，他说，害怕失去金钱的人，应该将自己的部分财富赠予他人，然后就会发现自己没有这部分财富也能生活得很好。他还给出了如何实现自我矫正的温和建议。塞涅卡认为，你不要为情绪失控而过度自责，相反，你可以晚上躺在床上，反思你屈服于恐惧、愤怒等负面情绪的那些时刻。接着，他希望你原谅自己。要知道，反思那些情绪爆发的时刻后，下次情绪出现时，你的自控力就会更强。[1]

两千年后的今天，塞涅卡依然具有重要的价值。事实上，我就是希望你采用他的方法来反思从众行为和群体错觉。如果我们将他的"情绪"一词换为"社会影响力"，结果都是一回事。同情绪一样，社会属性也是我们与生俱来的一大内在特征。盲目地屈服于其中任何一个，都是危险而有害的。塞涅卡的情绪控制方法，我们可以拿来解决社会影响力问题。

虽然社会属性是我们的生物学部分，但我们可以控制自己对社会本能的反应。用正确的知识和技能武装自己，我们就不必在做与众不同的人和做盲目从众的旅鼠之间做出选择。本书旨在为你提供必要的工具，让你真正理解我们为何会从众、从众如何表现、从众如何直接导致社会

---

[1] 塞涅卡最厌恶的事情就包括盲目从众。他说，让自己毫无意识地跟随群体，我们放弃了我们的自主性，不但会伤害我们自己，还会伤害我们周围的人。由于意识到他所在的社会反复无常、缺乏道德，他喜欢引用一则伊索寓言："我们不考虑道路本身是好是坏，我们只数脚印的多少，但这些脚印都不会走回来。"

错觉，以及你应如何学会控制社会影响力而不受其控制。

为此，本书分为三个部分。

你可能熟悉英国前财政大臣丹尼斯·希利提出的"第一洞穴定律"（first law of holes）：身处坑洞中，就不要再挖掘。作为一个社会，我们为自己挖掘了一个大坑，系统性地彼此误解就是我们挖坑用的铲子。上篇"从众陷阱"讨论的是我们如何轻易就掉入了盲目从众的深坑——在这个深坑里，我们很可能不再自我思考，而是屈服于群体错觉。本篇讨论了三大陷阱，陷于其中，你就可能做出有悖于你的个人偏好或价值观的、会对他人造成伤害的错误决策。学会识别这些陷阱、采用几个简单的解决办法，你就会慢慢地获得自由，不再受所谓社会影响力的强烈影响。

不过，群体错觉依然会无处不在。在中篇"社会困境"中，我将讨论我们大脑的生物学局限是如何让我们屈服于群体错觉的。要真正驾驭群体错觉，就得理解它们是如何形成的、我们又是如何成为它们的共谋的。具体而言，我们社会属性的构成要素是模仿和比较，它们会欺骗我们，让我们追随过时的规范，误以为那些非主流的"大嗓门"——世界上的索尔特夫人们——就代表着大多数人。在本篇末尾，你将获得所需的知识武器，在更大范围内同群体错觉做斗争。

上篇和中篇包含的信息，你可用于个人生活。下篇的范围更广，涉及我们社会中的每一个人。"重拾力量"将告诉我们如何驾驭社会的影响力，为创建一个完全没有群体错觉的世界做出贡献。要做到这一点，我们需要致力于两件事情：恢复自我一致与恢复社会信任。这样做，有助于创造必要的文化"接种"，确保我们社会运行体制中的群体错觉被扫进历史垃圾堆。

我们生活的这个时代充满挑战：我们面临巨大的压力，为了归属感而应付、漠视或哄骗自己的个人信念。但盲目从众对任何人都毫无益处——它会夺走我们的幸福，阻碍我们挖掘个人和集体的潜能。

有了本书的助力，你可以避开那些导致群体错觉的从众陷阱。你可以做出更好的决策。你可以建立更好的人际关系。你可以按照自己的想法过上更有意义的生活——更有成就感并最终造福所有人的生活。

每个人都是这个时代的共谋者

你上完厕所后洗手吗？

这个问题实际上是 1989 年一项研究的核心问题，该研究针对的是 59 名女大学生使用学校图书馆卫生间的情况。在一次实验中，31 名女生上厕所时，研究人员待在卫生间显眼的地方，扮演观察者角色；而在另一次实验中，其他 28 名女生看不见研究人员。研究人员发现：当女生认为有人看着时，77% 的女生会洗手；当她们认为自己独自一人时，只有 39% 的女生会洗手。

这项研究听上去虽然有些愚蠢，但它告诉了我们很多有关群体错觉的深层原因的信息。我们人类是彻底的社会性动物，哪怕只是意识到他人的存在，我们的行为也会发生改变。这种与他人保持一致的渴望——社会学家称之为"从众偏误"（conformity bias）——并非选择性的：它是我们根深蒂固的生物学部分。

例如，2016 年，研究人员利用功能性磁共振成像仪（fMRI），在被试者观看各种食物图片时扫描他们的大脑，这些食物包括西蓝花等营养食物以及糖果等垃圾食品。被试者看见某张图片后，立即被要求就个人偏好度评分，从"1"（不喜欢）到"8"（喜欢）。

被试者对某种食物给出评分后，接下来，研究人员向他们出示以前200名参与者的评分均值，如果被试者的个人评分与群体评分均值相同，就会出现"一致"这个单词。如果不相同，就会显示个人评分与群体评分均值之间的差异数字。最后，被试者完成所有的个人评分并获得群体评分的反馈后，研究人员请被试者对这些食物再次进行评分。

你可能已经猜到了，再次评分时，被试者陷入了从众偏误，他们对食物的个人偏好度更接近于群体评分的均值。有意思的是，受影响的并非只有他们的行为；他们负责处理不同食物价值的脑区（腹内侧前额叶皮层）也被从众偏误改写。被试者一旦知道群体的偏好度，功能性磁共振成像仪就显示：他们的这个脑区从追踪各种食物的健康度转向追踪它们的受欢迎度。

然而，这些被试者不知道的是：那些群体评分均值完全是编造的——研究人员对它进行了操作，让被试者的评分显得与群体均值相悖。这一点很重要，因为它表明了我们从众偏误的本质：**事实并不重要。**

更确切地说，我们的大脑会对我们所认为的群体想法做出反应，而不管这种想法是否根植于事实。

就像是地球持续而强烈的拉拽引力，我们对从众的渴望也是一种无意识的、几乎无法逃避的穿行于这个世界的方式——哪怕它完全是编造的东西。也正因为如此，我们不但随时都可能误读他人，还可能盲从我们认为或期望的某种错误观念。在最基本的层面上，这种从众偏误使我们很容易成为群体错觉的猎物。

疫情期间，我自己就短暂陷入过群体错觉，加入了疯狂抢购厕纸的行列。一个通过社交媒体传播的谣言，就让我这样的购物者抢光了超市货架上的厕纸，尽管北美厕纸生产商报告说供应根本没有短缺。可一旦人们跑去多购厕纸，抢购比赛就开始了。[1]

即使是在这种群体错觉期间，我清楚厕纸没有任何短缺，但似乎其他人都认为会出现短缺，因此，我无法控制自己。成千上万像我这样的人做出这样的行为，仿佛厕纸确实会短缺。于是，这种错觉滚雪球般地迅速蔓延。我们还没发觉，整个国家都在抢购和囤积这个东西，而且理由非常充分：超市的厕纸货架都空了！我还没发觉，这种群体错觉就已经成为现实。

社会学的一大核心原则恰好表达了我们相信群体错觉的情况。社会学家威廉·艾萨克·托马斯（William Isaac Thomas）及其妻子多萝西于1928年提出的"托马斯定理"指出："若人们把情况定义为真实，则情况的后续结果也必为真实。"换言之，如果我和你都真的认为脸上长有雀斑并单脚跳跃的人是女巫，或者新冠流行期间没有厕纸可买，那这种想法的**后果**就绝对是真实的，不管这种想法本身是否基于真实情况。

由于从众性偏误，**我们每个人在日常生活中都是大大小小的群体错觉的共谋**。不过，我们并没有意识到其他人也都在玩完全相同的游戏。我们内在的从众驱动力过于强大，稍不注意，我们就会把自己的个人判断扔出窗外。于是，我们都会集体陷入榆树谷那样的误解。

—— ✦✦✦ ——

在社交媒体时代初期，"脸书"公司CEO马克·扎克伯格认为，新科技将开创一个多元主义和言论自由的时代。他在2019年10月发表的

---

[1] 1973年也发生过类似的危机。《今夜秀》主持人约翰尼·卡森随意开玩笑说厕纸出现短缺，造成顾客们恐慌抢购持续4个月。

一次讲话中指出："最初那几年塑造了我这样的信念：让每个人发声，就可赋能弱势群体，随着时间的推移，就可推动社会变得更好。"根据这种逻辑，由于发声的人更多，群体错觉现在应该已经灭绝了。显然，实际情况并非如此。自普罗米修斯从诸神那里盗火之日起，新科技的故事就一直和意外后果密切相连。

今天，群体错觉已经在全球范围内快速增强——在某种程度上，这要感谢脸书、推特等社交平台创造的奇迹。正常情况下，只要有一部智能手机，任何人都可以做索尔特夫人所处时代不可能做到的事情。对榆树谷居民来说，误解来源于旧的宗教传统和当地的历史。相比之下，今天的社交媒体使得所谓的共识的转换更加便利，通过创造事实上并不存在的多数人的印象，那些非主流"演员"就可以制造出群体错觉。

假如推特上有数十万个索尔特夫人，那你早就猜到了故事的结局。那些非主流声音让我们怀疑自己的判断力、认为自己没有和大多数人同步，有效地迫使我们沉默，从而加剧了群体错觉，我们成为他们的共谋。

在全国范围内，这些群体错觉让人产生一种强烈的不安感：我们这个社会有问题。过去数年来，我们感觉自己仿佛陷入了某种怪异的、煤气灯光般昏暗的迷离噩梦。上下颠倒、左右难辨、对错不分。几乎一夜之间，我们社会的价值观仿佛都发生了改变。我们感到迷惘、沮丧、不满，彼此猜忌。我们问自己：是我们疯了，还是这个世界疯了，还是两者都疯了？难怪美国人正在向信任开战，煞费苦心地构筑怀疑"城堡"，危害我们的个人幸福和国家繁荣。

在世界各地，民主正受到威胁，部分原因是各种社会问题通过法律或技术得到解决。毫无疑问，群体错觉对社会造成的破坏最大，因为社会要正常运转（更不用说要繁荣）就必须依赖这几点：共享现实、共同价值观，以及理解不同观点的意愿。这就是我将群体错觉视为人类生存威胁的原因。

坏消息是：我们每个人对正在发生的一切都负有责任。不过，这也是好消息，因为这意味着我们有能力单独地或集体地解决这个问题。最好的消息是：虽然群体错觉力量强大，但它们也非常脆弱，因为它们根植于谎言，通过个人行为就可以消除。借助正确的工具和明智的指导，我们就能摆脱群体错觉的诱饵。

我认为，我知道如何进行这种指导。

一旦屈服顺从，一旦人为亦为，
呆滞就会潜入灵魂所有灵敏的神经和官能。
她变得外表美丽而内心空虚。

——弗吉利亚·伍尔夫（Virginia Woolf）

上篇
从众陷阱

第 1 章
皇帝的新衣，无处不在

要相信自己。要独立思考。不要人为亦为。不要人云亦云。要做你自己。

——马文·柯林斯（Marva Collins）

模仿陷阱：如此珍贵的肾脏，为何被废弃

2009 年，蒂姆·麦凯布出现了充血性心脏衰竭症状，去了当地的一家医院。医生发现他的心脏和肺部有存在风险的积液。五年前，蒂姆的妻子克里斯蒂娜捐献了自己的一个肾脏，让他活了下来。现在，他的身体对这个新肾脏突然产生了严重的排异反应，他的心脏也出现了问题。医生为他做了透析，好让他在等待另一个肾脏期间能维持生命。

于是，蒂姆就等待着，一直等待着。

蒂姆身材高大，留着棕色短发，淡蓝色的眼睛炯炯有神，有着迷人的下巴。他的纽约口音很浓，说话直截了当。2015 年左右，他正在接受透析，预约人员打来电话，他打开电话免提，非常开心地憨笑起来。显然，他赢得了"巴哈马群岛免费邮轮游"！

患病之前，蒂姆喜欢户外运动，经常指导他的大儿子打棒球、橄榄球和篮球。"我只要下班回到家，就总是和他待在户外，没日没夜。"但对于他的小儿子，就很难做到这样。他告诉《大西洋月刊》说："我根本没有力气。他们不该承受这些，因此，有时候我感觉很糟糕。"透析期

间，他的生活质量"简直坏透了"。他不能活动身体，只要有身体活动，他马上就会变得虚弱。

每天，蒂姆就等在电话机旁，期盼有通电话打来说："来吧，我们给你找到啦。"蒂姆说："太难受了。每次电话铃想起，你都以为会是好消息。"

每年，有10万美国人都像蒂姆这样等待着肾移植，而捐献者只有21000余人。一年内就有1/4的病人会死去。如果再总体看看器官移植的等候者名单，情况甚至会更为糟糕。平均而言，每天都有17名等候器官移植的病人去世，每9分钟就会增加1名新的等候者。

这看似是一个典型的供需问题，其实不然。近1/5的肾脏供体事实上都被废弃了。

为什么会这样？这与等候者名单的制定流程以及我们如何推断他人的选择有关。在美国，获得肾脏供体后，首先会进行配型评估，然后基于"先到先得"的原则提供给等候者名单中配型成功的患者。这意味着，如果排在最前面的患者拒绝了一个肾脏供体，排在后面的人就得——在信息缺乏和时间非常有限的情况下——决定是否接受这个此前被人拒绝的肾脏供体。

如同市场上长期待售的房子，一个肾脏供体在等候者名单中等待的时间越长，其质量就会被认为越差。如果你在等候者名单中排在第20位，你会怀疑排在你前面的那19个人拒绝这个肾脏供体肯定是有充分理由的，于是，逝者捐献的非常健康的肾脏，其中超过10%就这样因为反复被拒绝而被废弃了。[1]

那19个等待治疗的病人本来可以挽救自己的生命,却掉入了我所说的"模仿陷阱"(copycat trap)。因为缺乏更多的信息,他们就简单地以为等候名单上前面那些人拒绝这个器官肯定有着充分的理由,所以他们也应该把这个肾脏传给后面的人。事实上,前面那些人拒绝这个肾脏,与肾脏本身毫无关系,而是担心器官的运输问题或匹配度问题。

我们掉入这个陷阱,要比我们意识到的更为频繁。例如,看见某栋看着不错但换手率很高的房子,我们就会认为房子肯定存在我们看不见的问题:阁楼闹鬼、地下室淹水或者某些维护不周的严重问题。在公共厕所排队洗手,某个洗手槽似乎没人使用,你就会和排在你前面的那些人一样,认为这个洗手槽的下水肯定有什么问题。如果你失业了,失业时间越久,就越难获得新工作,因为新的雇主会疑惑:其他雇主为什么没有把你抢走?你肯定是有什么问题。

由于我们认为自己占有的信息不够可靠,或者不相信自己的个人判断,于是就盲从他人,此时,我们就掉入了"模仿陷阱"。我们的大脑会下意识地寻求证据来证实我们所看见的一切,因此,它们会模仿那些看起来知识更丰富的人,尤其是我们不太确信的时候。我们永远无法绝对确定我们的个人观点和知识是正确的,因此,我们常常会通过模仿他人的行为来填补这些空白。

---

[1] 医院和移植中心也在发挥作用,因为它们基于每位病人的病情紧急程度和具体情况筛选哪些肾脏提供给病人。如美国肾脏基金会指出的,"器官是否(有移植中心)提供给你。这取决于诸多因素,包括但不限于:血型、肾衰竭病程、医学紧急程度、居住地(器官必须远程安全送至移植医院),有时还包括你与捐献者的体重和肾脏大小的匹配度"。如果因为过往移植、输血或怀孕导致的抗体水平高而使得匹配难度极大,这些病人会享有优先权。

作为人类，我们特别容易掉入"模仿陷阱"，这有两大原因。

首先，我们拥有与生俱来的确定这个世界准确性的需求。蹒跚学步的我们想知道："那个炉子热吗？"如果我们不能自己找到答案，就会看附近的大人来寻求证实。在每个年龄段，这种社会性学习对我们都具有极大的价值，因为它为我们学习一切事物提供了便利。其次，我们非常害怕社交尴尬，因而不愿意公开表达，纠结于是否要冲动地脱口而出：那个皇帝其实是一丝不挂的。在这两大动机的共同作用下，我们最终就会面临这样的情形：因为不确信自己，我们总是放弃自己的个人见解，转而赞同我们观察到的"群体"行为。

如同燕群或沙丁鱼群，我们与他人有着情感或行为联系，因而很难抵御从众的冲动。如果我们认为某人比我们更专长、更有影响力、更有威望，抵御这种冲动就更为困难。这就好比用一个沙袋去抵御洪水。"模仿陷阱"是我们跌入群体错觉的第一个原因，尤其是当我们担心会感到尴尬的时候。

波哥大市的哑剧"交警"

想象你独自坐在等候室里填写民意调查表,突然,你闻到了烟味。你四处张望,发现墙壁通风口冒出大量灰白色的烟雾。你走近查看,然后迅速抓起你的物品,立即将这个问题报告给了管理人员。心智正常的人都会这样做,对吧?

现在,请想象另一个场景:你和其他几个人一起待在等候室里,每个人都在填写民意调查表。你闻到了烟味,看见通风口冒出了烟雾,但其他人似乎无动于衷。有几个人开始用手扇去面前的烟雾,仿佛是在赶走恼人的苍蝇,但他们似乎并没有注意到有什么不对劲儿的地方。

四分钟后,烟雾刺得眼睛发疼。你感觉呼吸困难,开始咳嗽。你问坐在身旁的那个人是否因为烟雾感到难受,但他只是耸了耸肩,然后又埋头填写调查表。你不明白:"这儿怎么啦?我是傻瓜吗?"

20世纪60年代,社会心理学家约翰·达利(John Darley)和比布·拉塔纳(Bibb Latane)对一群哥伦比亚大学学生做的就是这个实验。在第一种(独自一人)情况下,75%的学生起身去报告烟雾问题。但在第二种(群体)情况下,假被试者和学生们待在一起,他们被秘密告知不要对烟雾做出反应。只有38%的学生起身去报告烟雾问题。为什么会这样？

答案很简单：因为害怕尴尬，我们常常会从众。一想到会被人嘲笑或被视为无能，我们的压力水平就会上升，于是，大脑的恐惧中枢就会占上风。我们感到迷惑、不确信自己，于是就会顺从群体，因为这样做可以缓解我们的压力。顺从大多数人的意见，还可以分散我们对决定的个人责任，承担错误也更容易。当你发现自己独自做决定时，你会感到孤立无援，会因为个人责任而感到胆怯。事实上，不管我们的行为是对是错，只要和他人一起做出这些行为，我们的感觉往往会更好。

20世纪90年代末，曾经是数学教授、后来担任哥伦比亚波哥大市市长的安塔纳斯·莫库斯（Antanas Mockus）找到了一种聪明的办法，让社交尴尬恐惧服务于公众利益。莫库斯上任之初，波哥大市的交通事故死亡率在哥伦比亚居于前列，1991年至1995年，机动车碰撞造成的死亡人数上升了22%。特别是行人乱穿马路问题，1996年至2000年，行人占哥伦比亚全国城市道路交通事故死亡人数的一半多。当时，莫库斯对波哥大市的交通状况描述为"混乱而危险"，而交通警察的腐败使得情况更加糟糕。于是，他决定采取激进的举措。他废除了交通警察，取而代之的是一群哑剧演员。

20名职业哑剧演员身着艳丽而宽松的裤子，戴着领结，看见遵守交通规则的行人就默默鼓掌，看见乱穿马路的行人则模仿嘲弄。他们还穿行在交通繁忙的十字路口，取笑那些汽车保险杠突出人行横道的司机。借助夸张的动作、丰富的表情和涂成白色的脸，他们劝导摩托车驾驶员戴好安全头盔、保持车道行驶。通过当众表演人们的交通违规行为，这些哑剧演员就戳中了我们对当众出丑的天生厌恶感。莫库斯推断说，当众难堪可能比人们私下缴纳交通罚款的效果会更好。他是对的。

在从众和众目睽睽之下独自丢脸之间，绝大多数波哥大人选择了从众。不久之后，有些以前的交通警察重新接受训练，成为哑剧"交警"。这项计划取得了巨大的成功，"小丑"人数猛增至400名。莫库斯评论说："这些哑剧演员既不说话，也没有警具，而是赤手空拳。"他们的力量在于能够调动社会影响来改变大众的不安全行为。连同其他旨在提升交通安全的计划，哑剧"交警"的表演获得了魔法般的效果。10年之内，波哥大的交通死亡率下降了50%以上。

如果我们掉入"模仿陷阱"，而此时社会信息恰好比我们的个人认知更为准确，这还好。但真实情况往往并非如此。此外，我们还非常容易误读群体行为。

那么多人，不可能会错

  2010年8月的一天下午，一架小型涡轮螺旋桨飞机载着20人（包括英国飞行员和一位空姐）飞上了刚果民主共和国首都金沙萨的天空，万里无云，天气炎热。这是飞往160英里[1]外的班顿杜市的定期循环航班，途中有经停点。靠近班顿杜机场时，空姐注意到客舱尾部有沙沙声响，于是前去查看。

  她看见一只活鳄鱼冲她"露齿而笑"。

  空姐吓坏了，向驾驶舱跑去，打算告知飞行员。有位受到惊吓的乘客看出了她的恐惧，从座位上跳起来，跟着她跑向飞机前部。很快，其他乘客也都这样做。他们的重量使飞机失去稳定性，尽管飞行员拼命努力，飞机还是一头栽进了离机场几英里远的一幢房屋。只有一位目睹这一切的乘客幸存，其他人全都死于这场空难。

  哦，对了，那只鳄鱼也幸存了下来。

---

[1] 160英里约合258千米。——编者注

这个故事固然是一场悲剧，但它听上去有些像是梅尔·布鲁克斯的电影。我们不明白，机上的乘客怎么会如此迅速地要跟着"头羊"跑？

答案在于：共享行为往往会形成行为模仿。空姐受到鳄鱼的惊吓，第一个跟着她跑的乘客自然暗示着飞机尾部有可怕的事情发生。那第5个、第12个或第20个跟着跑的人呢？他们都在复制前面那个人的行为。他们无法看见发生了什么事，因此，当一个个乘客都跟着空姐跑，其他乘客感觉也要这样做。那么多人不可能会错，因此，乘客们慌乱中放弃了自己的个人判断而服从了群体权威。

仿效他人的行为也会事关生死，特别是我们面临时间压力、情况不明或不确定的时候。借助社交线索填补信息空缺，大多数时候都很管用。如果你正在科德角海边玩水，突然看见身旁的人都匆忙地离开海水，那你最好认为附近可能有大白鲨，然后也赶快上岸。考虑到你拥有的信息以及你大脑的处理能力，像这样的想法是相当符合逻辑的。

事实上，群体有时候也可能是对的。在长期播映的综艺节目《谁想成为百万富翁？》中，选手通过回答一系列的选择题（每题都有一定数量的奖金）努力赢得100万美元的最高奖金。在一个叫作"求助观众"的设计环节中，现场观众可以通过手持设备实时地给他们认为的正确答案投票。（家里的观众可以利用即时通信设备发送自己猜测的答案。）令人惊讶的是，观众们集体选择的答案，91%都是正确的。在这个事例中，群体确实很聪明。

不幸的是，现实生活几乎不会如此，因为群体的智慧需要每个个体都做出自己的个人决定。如果人们能够看见彼此的选择，如果人们只是相互效仿，那群体智慧就会导致愚蠢行为。

怀疑自己的判断、默认从众，我们就从个体转变为"羊群"中的一员。在我们意识到这一点之前，这颗错误的种子就会变成模仿行为，吞噬其他的所有知识，群体错觉随之而来。

行为模仿非常容易开启。经济学家阿比吉特·班纳吉（Abhijit Banerjee）建立的模型表明：人群序列中，排在第一的人总是听从自己的个人知识，第二个人也是如此。但第三个人更容易直接模仿排在前面的人的行为，尤其是前面两人行为一致的话。班纳吉指出，看见前面其他人的行为后，个体复制该行为并放弃自己的个人判断，这是合理的。原因在于，就和那个肾脏供体一样，我们不是100%地确信自己的知识——我们不"知道"那个肾脏供体是好的。我们拥有的信息表明它是好的，但我们要拿它同我们拥有的社会信息进行权衡比较。看见其他几十人都在做同样的事情，我们就会受到诱惑，认为他们知道我们不知道的东西。

模仿行为一旦开始，不但充满危险，有时还会适得其反。它会迅速引发大规模的错误，比如放弃本来可以挽救生命的健康肾脏供体。

谁也无法对这个陷阱拥有"免疫力"——哪怕是那些知识丰富的人。

人人可能患上"躁狂症"

1841年,苏格兰记者查尔斯·麦凯(Charles Mackay)出版了一部关于模仿行为的著作,书名叫作《异常大众错觉与群体疯狂史》(*Memoirs of Extraordinary Popular Delusions and the Madness of Crowds*)。他的观点是:"人是群体思考动物",会"群体疯狂,但只能一个个地慢慢恢复理智"。

他探讨的其中一个狂热行为,是尽人皆知的1634年"郁金香热"。荷兰的精英们认定,收藏独特的春天开花的郁金香球茎是绝对必要的。他在书中写道,尽管郁金香毫无内在价值,但"这股收藏热很快就吸引了财力哪怕一般的中产阶级、商人和店主"。一位当代学者指出,1635年,郁金香热达到顶峰时,"一个郁金香球茎的平均价格超过了等重的黄金;一个稀有球茎的交易价,轻易就会超过今天的5万美元"。

麦凯报告说,当价格开始波动并下跌时,"信心受到摧毁,交易者普遍感到恐慌"。郁金香从大繁荣进入了大萧条。政府意识到这种"暂时性精神失常"的影响,于是宣布:"这场'躁狂症'发作高峰期签订的合同……没有法律效力。"[1]

然而，麦凯本人很快也成为这种陷阱的受害者。

他出版这部著作几年后，投资者开始疯狂购买英国新铁路系统的股票，期望获得10%的股息，而当时经营稳定的公司支付的股息只有4%左右。当时的一些主要知识分子都加入其中，包括查尔斯·达尔文、约翰·斯图亚特·密尔以及勃朗特姐妹。查尔斯·麦凯也成为"吹鼓手"，坚称这个铁路系统的长度会远超10万英里。在1847年的顶峰时期，铁路建设雇用的人工数量几乎是英国海军人数的2倍。

麦凯拥有所有必需的信息，应该看出这是一场狂热投机。然而，他被兴奋冲昏了头脑。他在报纸上发表系列文章鼓吹这个铁路系统。即使股票开始下跌，他仍继续打消读者们的疑虑。作为新技术、自由市场和经济增长的坚定支持者，他很快就滑入了这场"狂躁症"的幻觉中心，如他所写，"铁路网络的大扩展，对投资者和国家都会带来盈利"。

然而，建设成本居高不下，铁路股票的股息并没有达到预期的10%，平均只有2.8%左右。事实上，议会批准建设的铁路线只有8000英里。结果造成数千名投资者破产。

这场铁路"躁狂症"结束三年后的1849年，麦凯再版了自己的著作并进行了大量修改。但他选择性地没有提及自己参与了英国的这场铁路狂热。即便是数年之后，麦凯和他的大多数同胞一样，也不愿意承认自己对这场"躁狂症"的盲目和脆弱。

如果这种模仿行为听上去很熟悉，那是因为它是导致大多数金融动

---

[1] 虽然有曝光说，麦凯讲述的故事带有个人色彩，有时还很夸张，并非完全符合事实，但它已经在经济学家和银行家中产生了知名度。

荡的根本原因。从非理性的股市暴涨（20世纪90年代的互联网热）到暴跌（2008年的住房市场崩盘），这些模仿行为的典型结果都是泡沫破裂。但有些模仿行为的持续时间会长得多，创造出新常态，诱使我们参与更具破坏性的事情。

以瓶装水为例。每天至少饮用8杯、每杯8液盎司[1]的水有益健康，这没有任何问题。近年来，我们越来越喜欢饮用闪光的、晶莹的塑料瓶装水，因为我们认为这种瓶装水要比过滤自来水更安全、更干净。

瓶装水热起源于1994年的美国。美国环境保护署对饮用井水发布了安全警告，因为井泵会析出大量的铅。于是，政府要求饮用井水的人开始饮用瓶装水，直到他们将自己的井泵升级为不锈钢泵。

然而，瓶装水比过滤自来水更安全这一观念很快就发展为人们的共识。生产苏打水和瓶装水的公司看见了巨大的商机，开始向顾客销售几乎是免费获得的水（确实如此，毕竟是天上掉下来的东西），推出新品牌和新口味的瓶装水，比如加入四月的树的树叶的水。今天，全球最大的两家瓶装水品牌的价值都超过了10亿美元，曾经只是解决井水问题的应急办法已经成长为一个庞大的、增长迅速的产业，其产值预计于2026年达到4000亿美元。

但瓶装水喝起来真的更安全、更干净吗？如果你是居住在密歇根州的弗林特市，那的确如此，因为2015年那里的自来水被发现有毒。然而，除了弗林特这样的异常地区，过滤自来水完全没有问题。在美国，99%的过滤自来水都是可饮用的，而许多人喝的瓶装水其实就是过滤自来水。超过一半的瓶装水都是经过简单处理的自来水，而最大的两家瓶装水品牌Aquafina和Dasani（分别由百事公司和可口可乐公司生产）是直接过

---

1 约合236.8毫升。——编者注

滤底特律的城市用水，灌装进塑料瓶，然后转身就大幅加成销售。[1] 我们每次选择瓶装水，都是在为这个大骗局买单。

然而，我们似乎还没受够。2019 年，美国人饮用了 427 亿加仑[2] 的瓶装水，超过我们消费的各种碳酸饮料的总和。在任何加油站或超市，1 加仑[3] 常规瓶装水（每瓶均价为 1.5 美元）的价格差不多是自来水的 2000 倍。其他的售价只会更高。那些据说经过烟雾缭绕的日本圣山火山岩过滤或精心选自"天使泪滴"的顶级优质瓶装水，约 3 杯的水量起售价约为 5 美元。1 瓶加拿大的 Aqua Deco 牌瓶装水要花你 12 美元；如果你想奢侈一下，喝清凉的夏威夷 Kona Nigari 瓶装水，就要花费 402 美元。真正的"鉴赏家"可以喝 24 克拉黄金瓶装的 Acqua di Critallo Tributo a Modigliani 牌瓶装水，每瓶只要 6 万美元。

这种瓶装水现象就是我们当代的"郁金香热"。且不论我们为这个顽固的谎言花费数千亿美元，单就其产生的数量庞大的塑料制品就会带来严重的环境破坏。1 杯瓶装水的能源消耗量，是生产等量自来水的 2000 倍。同时，仅在美国，70% 的塑料水瓶最终都沦为垃圾，污染土地、堵塞水道。其影响之严重，从太空中都可以看见：加利福尼亚和夏威夷之间的太平洋垃圾带，其面积相当于得克萨斯州的 2 倍。

像瓶装水这样的群体错觉非常顽固，原因在于：它们极大地利用了我们与他人之间根深蒂固的情感联系。因此，它们不但具有欺骗性，让人容易陷入其中，而且一旦陷入就很难摆脱。

---

1 更恶劣的是，这些公司经常拖欠用水账单。Dasani 和 Aquafina 拖欠了数万美元的用水费用，逾期数月都未能支付。虽然底特律有严格规定，居民欠缴水费 150 美元就会被停止用水，但这两家公司从未被停水。
2 约合 1623 亿升。——编者注
3 约合 3.8 升。——编者注

当心职业喝彩人

20世纪90年代中期,社会学家尼古拉斯·克里斯塔基斯(Nicholas Christakis)在芝加哥大学担任临终关怀医生,他的一位女患者患有老年痴呆症,躺在床上等死。她的女儿因长年照顾母亲而感到疲惫不堪、心生厌烦,她的丈夫因长期支持过度辛劳、情感枯竭的妻子而精疲力竭。一天,这位丈夫的一个叫作克里斯塔基斯的朋友说他很担心他这位老朋友。犹如悄然潜行的黄昏阴影,这个女人的疾病所产生的情绪压力已经蔓延开来。

这种"传染病"让克里斯塔基斯感到困惑。当时,他正在研究人们会因心碎而死亡这一观念。这种传统观念就是"寡妇效应"(widower effect):夫妻一方去世,另一方在一年内去世的概率会翻倍。

在后续研究中,克里斯塔基斯经过深入研究发现:人们的情绪和行为实际上是群聚性的,行为相似的人会聚成圈子。换言之,确实是物以类聚、人以群分。

研究已经证明了这种社交影响是如何在潜意识层面运行的。例如,克里斯塔基斯发现,如果一个人肥胖,那他圈子里某人也是胖子的概率为 57%。反之亦然:身材苗条的人的圈子,成员保持苗条的概率要高于平均水平。投票、吸烟、酗酒、离婚、无私等行为也都是成群分布。这意味着,我们的行为和生活方式选择很容易被卷入模仿浪潮,而与所掌握的信息或理由毫无关系。[1]

反过来,这些模仿浪潮又会将我们吸入大规模的、具有操控性的群体错觉。

说明这个现象的一个有趣的例子是职业喝彩人("Claque",法语单词,意为"鼓掌")。根据古典学者玛丽·弗朗西斯·盖尔斯(Mary Francis Gyles)的研究,罗马皇帝尼禄(迫使塞涅卡自杀之人)是一个缺乏安全感的家伙,他喜欢唱歌、弹奏里拉琴(不是小提琴),自认为是世界一流的演员(其实不是)。为了宽慰脆弱的自我,他经常参加歌唱比赛——而且总是获胜,因为他是皇帝。只要他唱完,他的随从们就会引领观众鼓掌,营造出他是真正的"歌神"的虚假情形。

在 16 世纪的法国,一位名叫让·多拉(Jean Daurat)的剧作家捡起了这个主意,唆使一些朋友(他称之为"喝彩人")为表演欢呼喝彩,作为交换,他们可以免费获得演出门票。随着喝彩"传染病"在整个剧场蔓延,多拉的主意变得流行,最终,喝彩成为那些想当演员的人的一大收入来源。剧场或歌剧院经理会为演出安排好喝彩人,每位喝彩人都有各自的分工:哭泣者(pleureurs)要假装痛哭流涕,哄笑者(rieurs)要在合适的时机假装欣喜若狂,而普通的喝彩人就负责鼓掌。

---

[1] 事实证明,关于情绪传染,我们人类与蜜蜂没有多大的不同。入侵者闯入蜂巢,蜜蜂就会散播名叫"信息素"的激素化学物质,告诉其他蜜蜂发起攻击。进入环境中的信息素越多,受其影响发起攻击的蜜蜂就会越多。同蜜蜂一样,我们也会散发帮助我们秘密交流的信息素,我们甚至都没有意识到它的存在。

有时候，女性甚至被雇用来坐在前排，假装昏倒，这样男性喝彩人就可以冲上去抢救——这一切都是剧场经理安排出的一种表演效果。

喝彩的美妙之处在于它能引发模仿，喝彩人也清楚我们人类相互关联方式的某个重要方面。我们模仿他人的倾向——不管是打呵欠、大笑还是在观看戏剧表演时欢呼喝彩——源于我们内心深处的关联。我们彼此相连，因此，我们会陷入模仿行为当中。

模仿行为对各种决策都会造成影响，包括我们投票给谁、如何投资、穿什么衣服、去哪里吃饭、上什么学校。模仿行为也揭示了我们模仿他人倾向性中的一个根本瑕疵。作为个体的我们也许认为我们的行为是合理的、符合自己利益的，而事实上我们却掉入了"模仿陷阱"。因为模仿行为，我们会怀疑自己所持的理由。

有时候，同大多数狂热行为一样，这些模仿行为也是相对无害的；但其他时候（比如瓶装水和肾脏供体等候者名单），它们会带来真实的甚至致命的后果。在肾脏移植那个例子中，即使你认为自己拥有 19 条证据证明肾脏供体有问题，但事实上只有等候者名单上第一位患者才是独立地选择了拒绝。他拒绝那个肾脏供体的原因可能非常简单，比如当天他没有交通工具，但由于缺乏这个信息，排在第二的患者认为肾脏供体可能有某种问题；然后，名单上的其他患者就直接模仿排在前面的患者的行为。因此，群体错觉不但会影响你的选择，还会影响其他人的选择。

不幸的是，我们并非总是模仿行为的被动受害者。跟随"头羊"——特别是你是第一个跟随者的时候——你还会无意中创造并强化群体错觉。

"自信的骗子"如何欺骗最聪明的人

攻读博士学位期间,我曾经受一位研究生同学之邀,参加一个夏日葡萄酒和奶酪派对。我梳妆打扮,挑选了我最喜欢的一款葡萄酒——西柚味的马尔堡长相思干白葡萄酒。在派对上,紫藤花盛开,花园香气四溢,喷泉发出清脆的叮咚声。大家都在愉快地交谈,彬彬有礼地品尝着各种葡萄酒和奶酪。

突然,一个熟悉的声音响起:"嗨,大家好!我来了!"

"噢,天啊,"我心想,"他来了。"

安布罗斯——让人讨厌的安布罗斯,他的姓氏后面有罗马数字"Ⅲ"——悠然地走进花园,他的举止似乎活生生地证实着有关常春藤学生所有最糟糕的刻板印象。这个家伙富有、有教养;他知道这一点,还要确保其他所有人也都知道这一点。他穿着藏青色的定制西服,口袋里插着挺括的白手帕,系着他那惯常的蝴蝶领结。

刚到不久,安布罗斯就用鸡尾酒叉敲击葡萄酒杯,吸引我们的注意。"嗨,各位!"他兴高采烈地宣布说,"请等一下,来尝尝这个!这是来自我一位家族朋友位于加州索诺玛的葡萄园的限量精品葡萄酒。我建议大家换个新酒杯。"[1]

安布罗斯等着我们一一照做。然后,他动作夸张地给每个人的酒杯都倒上几液盎司他带来的宝贵红葡萄酒。

"不要喝。"他吩咐说,"先要摇晃酒杯,看看挂杯情况,然后闻闻香气。"

我忠实地照做了。

"现在,请抿一小口,让葡萄酒在口腔里转一转,然后再咽下去。"我们的这位指导者继续说道。

"嗯,"有人盯着安布罗斯说道,"真好喝!"

我抿了一小口,看到其他人都在点头赞同。我难以置信。这葡萄酒喝起来就像是醋。难道我的味觉有问题?我想知道我是否感冒了从而影响了味蕾。或者可能是我的味觉不够灵敏,无法品尝出这么明显的味道。

然后,我们的一位教授——我称她为"史密斯博士"——到来了。我们都上过她的统计学课程。我们知道她是真正的葡萄酒爱好者,因为她曾给我们布置作业,让我们采用一种叫作"多元回归"的统计方法确定法国价值最被低估的葡萄酒产地。(如果你想知道,答案就是朗格多克。)我想知道她对这个葡萄酒有何看法。

"史密斯博士!来和我们一起喝吧!"安布罗斯大声说道,然后给她倒了一点儿葡萄酒,"这是我带来的东西,很特别。"

史密斯博士尝了一口,立刻就吐到了草地上。"这是软木塞酒。"她斩钉截铁地说道。("软木塞酒"是侍酒师所熟知的被软木塞污染过的葡萄酒,闻起来一股狗臊味儿或厕所脏味儿。)我强忍着没笑出来。

---

[1] 基于一个真实的故事。

显然，我这些同学要么是对这种气味或口味不敏感，要么就是被安布罗斯的"推销"所欺骗了。但在史密斯博士说出真相之前，每个人都表现得好像安布罗斯完全清楚自己在说什么。

我们经常跟从那些我们以为知道得更多的人。"世界即将灭亡"，这句话如果是六年级学生说的，我们可能不会相信，但如果是博士或科学家说的，它的分量就会重得多。如果天气预报员（受过训练的气象学家）告诉你说，你所在地区今天下午出现雷暴雨的概率为75%，那你出门前就会拿上雨衣。

但这仍然无法解释安布罗斯的行为，他从未对我们说过他是品酒专家，我们只是以为他很懂葡萄酒。如果富裕又有教养、指甲修剪整齐、戴着蝴蝶领结的安布罗斯混入你的圈子，而且你的圈子成员对他十分关注和尊敬，那你同样会认为他是专家，哪怕他本不是。

我们为什么会这样？原因在于，专门知识确实很难察觉。因此，我们会依赖于专门知识的关联物——就安布罗斯来说，他精致的衣服和私立学校的口音让我们上了当。我们痴迷于科学家所称的"声望偏误"（prestige bias），把财富、头衔、美貌、衣着、物品等名望标记接受为真正的专门知识的标志（却从未想过两者在很大程度上毫无关系）。因此，我们会成为时尚品牌古普（Goop）的忠实消费者，就因为我们渴望成为格温妮丝·帕特洛那样的人。

我们特别容易被看得见的权威符号所欺骗。在1984年的一项研究中，一位年轻人假装在找零钱来投币停车，另一位年长者走到路人跟前，请求他们帮助这位年轻人，给他一个10美分的硬币。年长者首先装扮成流浪汉，然后装扮成衣着光鲜的"商人"，最后装扮成"身穿制服的消防员"：45%的路人听从了"流浪汉"，50%的路人听从了"商人"，82%

的路人听从了"消防员"。

同我们天生的从众倾向一样,我们对以为的名望和权威的服从也是根深蒂固的。事实上,就连头衔这样简单的东西也会让我们轻易受骗,落入"声望偏误"。1966 年,一个研究团队对这个理论进行了测试,他们让一位不为人熟知的"医生"通过电话指导护士"明显过量"地施用一种未经批准的药物。听从的护士比例竟然高达 95%,表明了权威和医生头衔的巨大威力,哪怕该头衔并未得到确认。

还有更糟糕的情况。我们非常不擅长发现真正的专业知识,因此,仅仅因为某人表现得胸有成竹,我们也会顺从他。某人显得自信满满,就说明他知道我们不知道的知识。在 19 世纪中期的纽约市,一个衣着光鲜的、名叫塞缪尔·汤普森的骗子通过假装认识人们进行诈骗。一旦取得他们的信任,他就向他们借钱或借手表,然后就消失不见。《纽约先驱论坛报》的一位记者称汤普森是"自信的骗子",这个绰号一直保留下来。自信和错觉永远都是同床共枕的亲密伴侣。

幸运的是,只要我们拥有所需的真实信息(例如,那瓶葡萄酒被软木塞污染了,郁金香球茎不值 5 万美元),大部分模仿行为往往就会实现自我纠正。但情况并非总是如此。如果我们对某个结果有情感投资,特别是如果危及我们的名声,目标就会中途改变。像查尔斯·麦凯一样,我们可能不希望看到真相,因而会竭尽所能地避免面对真相。这个陷阱既容易触发,又很难逃脱。

专家为何编造"荒唐的建议"

1996年,纽约大学物理学教授艾伦·索卡尔(Alan D. Sokal)在后现代期刊《社会文本》(*Social Text*)上发表了一篇学术论文,题目是"超越界限:通往量子力学重力理论的转换诠释学"。根据下面的作者概述,你认为这篇论文讨论的是什么呢?

本文旨在通过思考量子力学重力理论的最新发展继续深入分析:这个新兴的物理学分支使海森堡的量子力学和爱因斯坦的广义相对论既相互重合又彼此取代。正如我们将看到的,量子力学重力理论中的时空流形不再作为客观物理实在而存在,几何关系变得相对化和语境化,先验科学的基本概念分类——包括存在本身——变得问题化和相对化。我将指出,这种概念革命将对未来的后现代和解放的科学的研究内容产生深远的影响。

如果你认为这段话简直让人云里雾里、纯粹是学术垃圾,那你是

100% 对的。索卡尔教授炮制了这篇充满专业术语的论文，然后投给了这个文化研究期刊，经过六位编辑的审查和接受，作为一篇严肃的学术论文发表在该期刊的科学专刊里。

后来，索卡尔揭露说整件事情就是一个恶作剧。他只是想表明自己对学术出版的看法，证明大量的学者是如何因为听上去像是飞岛国——乔纳森·斯威夫特1726年出版的讽刺小说《格列佛游记》中的浮岛——上的居民而获得奖赏的。居住在飞岛国上的那些狭隘的理论家和学者成天做着毫无用处的、不切实际的研究。他们成为笑话，是因为他们和现实完全脱节。

和斯威夫特一样，索卡尔也编造了很多荒唐可笑的东西，他的论文点缀着大量的解构主义流行术语，包括"偶然性""反霸权"和"认知论"。

"我这篇论文的结构是围绕着那些知名学者有关数学和物理学的最愚蠢的引文，编造了一个论点赞扬他们并将他们串联起来。"他告诉《纽约时报》说，"这一切很容易做到，因为我的论证不必考虑任何论据或逻辑标准。"

索卡尔嘲讽了文化研究和文学批评期刊中充斥着的那种毫无实质意义的"捡线头"文章，同时也针砭了各种学术派系争相刻意地使用复杂的术语和概念。事实上，这股潮流的热度极高，人们往往很难明白作者到底要说什么，哪怕是其学科领域内的人。

《社会文本》主编给出的回应相当酸腐。期刊共同创刊人、纽约城市大学教授斯坦利·阿罗诺维茨（Stanley Aronowitz）说："索卡尔博士说我们是认知相对论者。我们不是。他搞错了。他搞错的一个原因，是他理解力不好、知识有限。"

索卡尔回击道："《社会文本》接受了我的论文，就证明学术界的理论（后现代文学理论）已经走到了逻辑的极端。难怪他们懒得请教物理学家。"

他补充道，在他们的世界里，"不可理解性成为一种美德；暗指、隐喻和双关代替了论据和逻辑。我那篇论文还只是这种根深蒂固的文体的一个极其节制的例子"。

学者、律师、医生等白领职业特别容易陷入这种声望服从性。当声望成为一切，那些居于职业顶端者的声音就会被放大——不一定是因为其观点的价值，而是因为我们认为他们知道自己在说什么。为了保卫自己的职业，绝大多数的其他专业人士都会随声附和。

以曾经非常流行的扁桃体切除术为例。这股医学潮流虽然缺乏科学依据和研究结果，却仅仅基于奇特的"医学专家建议"而持续了数十年。在20世纪的高峰时期，扁桃体切除术被作为常规手术施用于数百万儿童，其中有些儿童因此受伤甚至死亡。然而，这种手术最终接受审查后，由于明显缺乏科学依据，很快就不再流行。[1]

当我们因为事关自己的名声得失而服从权威，我们对某个"叙事"的信奉就会使我们不再接受新信息的影响，从而导致这种模仿行为难以消除。我们共同编造的这个故事是真是假，这根本就不重要。然而，在所有其他人看来，我们和所有跟随者是不可能错的。

好在，类似的模仿行为看似坚固，但更像是叠积木，存在着关键的弱点。移除那块关键的积木，它就会轰然倒塌。

---

[1] 受声望影响的模仿行为危害极大，连政府机构都必须竭力避免。例如，海军军事法庭审判犯人时，法官们需要按照军衔由低到高依次投票，以避免"尊重权威"引发的问题。

"为什么"的力量

现在，请回想一下那个废弃肾脏供体的可怕问题。有办法解决吗？

信不信由你，有一个巧妙而简单的解决办法——事实上，它因为过于简单而完全被人忽视。直到麻省理工学院的研究人员张娟娟（Juanjuan Zhang）想出了这个办法。等候名单中放弃肾脏供体的所有患者都必须说明他们**为什么**拒绝这个供体："我在州外出差""我得了严重的感冒""配型不够好"等等。只需多提供一点儿信息，等候名单上的患者就会了解到真实情况，然后做出更好的选择。我们也不用向"群体错觉"神坛继续供奉健康的肾脏供体。

这个办法不只适用于肾脏供体等候名单。提问"为什么"也是一种便捷的万能工具，让你远离各种模仿行为。

借助这个简单问题的力量，你就可以坚持自己的个人知识，而不是放弃它去迎合别人的看法。相反，它可以让你在必要的时候将自己的观点和别人的观点结合起来，以便获得更好的信息，并最终做出自己的决定。

有些人可能认为提问"为什么"是不礼貌的行为。确实,这个问题会让人感觉过于直接、显得冒犯,但事实上人们**喜欢**分享自己的观点和偏好背后的原因。哈佛大学的一项研究表明,分享观点具有内在的回报价值,哪怕是"你如何看待堕胎"这样的敏感问题。只需简单地提问和分享观点,我们就会更喜欢彼此。

想想你最近和家人或朋友的某次交谈。你们谈了什么?事后你感觉如何?从统计学上讲,40%的交谈时间里,你都在分享或谈论自己的个人感受或经历,对方也是如此。很可能双方都感觉舒服,谁都不是"话霸"。离开时,你感觉焕然一新,很高兴能有这次交谈。

事实上,我们从谈论自己中获得的满足感同金钱、美食等其他更客观的回报是相当的。这有助于解释为什么社交平台高达80%的帖子内容都是关于人们的个人(说实话,大多数都是无关紧要的)想法或经历。科学家们发现,我们的神经系统确实具有暴露个人信息的本能渴望;每分享一点儿个人信息,都会激发我们大脑的奖赏系统,给我们的身体带来一阵纯粹的愉悦感。换言之,我们之所以袒露心声,不只是因为我们紧张不安或过度兴奋,还因为这是我们固有的冲动。

这种暴露个人信息的习惯是人性的一部分,它帮助我们人类长期生存了下来。(它也是脸书盈利的重要原因。)它让我们更容易和他人建立联系、培养感情。通过分享专门知识来促进知识的交流和积累,我们还有机会去引领、指导和学习。

归根结底,提问"为什么"不但没有任何真正意义上的负面影响,还有很多积极的作用。它不但会强化社交联系,还会让你迅速地根除可能的模仿行为。如果某人不能解释自己行为的具体原因,只会说"因为那啥,所以那啥",你就知道你很可能在跟随"头羊"、创造某个"群体错觉"。提问"为什么"可以拉开幕布,揭露他人行为和主张背后的真相。

同样，这个简单的问题还可以防止我们只依赖于仓促的（往往是不正确的）臆断，从而阻断模仿行为的产生。解锁对方选择背后的逻辑推理，你还可以评估其行为的逻辑依据是否符合你的价值观和优先考虑，他的判断是否适用于你的个人情况。

通过观察和倾听他人，我们最终就能够，也应该努力获得准确的信息，但我们必须抵御诱惑，不要放弃自己的判断而盲从他人，不管"他人"是指某个群体还是我们视为权威的某个人。独立思考可能让人疲惫不堪，但它不但对作为个体的你我是绝对必要的，对整个社会的生存和健康发展也是绝对必要的。

第 2 章
撒谎与归属感

个体随时都要努力防止自己被群体淹没。

——弗里德里希·尼采（Friedrich Nietzsche）

身份陷阱：我背叛了我的价值观

南美圭亚那琼斯镇的密林深处，隐藏着"人民圣殿"邪教社区，它离最近的临时跑道有 6 英里[1]远，由一条凹凸不平的泥泞小路连接。这个社区建立在种族公正和公有制的基础之上，有 1000 多人，主要是工人阶级的黑人——绝大部分是妇女，领导者是极富个人魅力的吉姆·琼斯。

社区中央有一个金属屋顶亭子，孩子们在这里上学，社区成员也在此集会。四周是成排的果树和精耕细作的农田。社区还有一个锯木厂、一个藏书 10 万册的图书馆和一家配有蚊帐的托儿所。这里的每个人都放弃了自己原有的工作和私人财产，全身心地献身于"人民圣殿"及其理想。社区成员都认为琼斯镇是一个世外桃源。

接下来发生的事情，你可能还记得：1978 年 11 月，加州议员里奥·瑞恩来到圭亚那，调查有关这个社区异常情况的报告，包括性虐待

---

1 约合 10 千米。——编者注

和酷刑。琼斯这个患有偏执症的"先知"告诉他的追随者说，瑞恩和他的团队将给琼斯镇带来暴力和毁灭。瑞恩离开这个社区时，几个"圣殿"叛逃者和他同行，但在临时跑道上，瑞恩和其他几个人被琼斯的亲信杀害。他们回到"圣殿"后，琼斯将这次谋杀告知了他的追随者，并警告他们说即将会发生一场强烈的报复。他说，"圣殿"成员会受到严惩，孩子和老人会遭受酷刑。

琼斯描绘了可能发生的情况，这种情况已经通过叫作"白夜"的模拟自杀仪式反复演练过，他解释说，集体自杀是有"尊严和荣耀"的死亡方式——是反抗法西斯主义和种族主义的最终行为。

然而，不止一位成员对此提出了异议。领头的是一位名叫克里斯汀·米勒的女性，她站起来问道："现在离开太迟了吗？"作为社区的一位元老，米勒来到琼斯镇之前一直积极投身于各种慈善事业。这并不是她第一次站起来反对琼斯，但显然是最重要的一次。

米勒那天不想死去。谈到那些和瑞恩一起叛逃的人，她争辩说，不能因为少数几个人叛逃"圣殿"就让其他人送命。她还引用了琼斯自己的布道词："生命在，希望就在。"作为投奔琼斯、相信他能帮助大家实现最好自我的人之一，她将自己的诉求基于每个成人和每个孩子的个人潜能。

然而，尽管米勒的观点富有逻辑，但她反抗的是上千人的信仰，这些人不但深信灵魂转世，还被琼斯洗脑，心甘情愿地接受他的命令走向鬼门关。如果其他人支持米勒，也许她就能够打破这个魔咒。然而，她的观点却被当作叛逆之词。

她的诉求很快就被琼斯的警卫和其他人的声音所淹没，其中一个人向琼斯宣告："如果你说我们现在必须去死，那我们做好了准备。"过了一会儿，琼斯叫人拿来"药物"——一大桶含有氰化物的果汁，敦促他的追随者勇敢地面对死亡。孩子们先喝毒果汁，当他们被带到前面时，音乐声、欢呼声、掌声和痛苦的呻吟声响成一片。

尚不清楚有多少人是自愿服毒，多少人是被迫服毒，又有多少人把它当成是注射。在当天自杀的900多人中，坐在大厅前排的米勒也许是第一批前去服毒的成年人之一。

克里斯汀·米勒竭力挽救自己和他人的生命。但她最终屈服于人性的两大基本特征：被群体接纳的需求和被群体排斥的恐惧。

作为社会性动物，不管是什么地方，我们都喜欢人际联系，从家人到邻居、网络群和职场同事。但说到群体错觉，并非所有的群体都"生而平等"。我们最关心的，是那些我们感觉与之具有深切联系的人，他们的赞扬或谴责最重要：我们的圈内人。我们所属群体的亲密成员可能拥有相同的宗教信仰、政治观点、民族或家族。他们可能是我们的同窗好友或工作密友。他们可能是我们最喜欢的乐队或球队的粉丝，或者是我们脸书群的一员。融入圈子会让我们感到更快乐、更安全、更自信。

我们随时都在努力巩固我们同社群成员的联系。从衣服的选择到公共行为，所有的一切都会标记我们所属的各种群体身份。我们本能地追随群体的规范，因为我们不想感觉格格不入，我们知道根据社会环境调整自己的外表和行为。每次这样做，我们都在围绕我们所认为的群体理念重塑自我观念。

我们从这个过程中获得的满足感和安全感，在很大程度上源于我们内心感到自己和群体在心理和情感上团结一致的渴望。毫不奇怪的是，只要怀疑开始砸破我们的团结观念，群体错觉就会随之而来。我们开始担忧自己是唯一被排斥在外的人，我们开始怀疑自己、误读他人。这种恐惧还会让我们变得非常顺从。它还会促进"我们 VS 他们"的圈子思维，让我们以群体的名义做出难以置信的伤害行为。

事实上，只要环境适合，圈子的引力会变得异常强大，我所称的"身份陷阱"（identity trap）就会促使我们对自己的个人价值观撒谎，甚至会强加我们个人并不支持的信念，最终导致我们伤害那些自己私下很喜欢的人。

这种身份陷阱不但会营造和维持群体错觉（如我们在琼斯镇所看见的），还会摧毁群体本身。

我们 VS 他们

我们出生后，就与母亲建立起亲密关系，这一刻对我们的健康极为重要。如果婴儿没有和父母建立亲密的关系，他们就"不会茁壮成长"，就形同于死亡。

"依恋障碍"（attachment disorder）可以解释为什么那么多从小被抛弃的孤儿会不断产生严重的心理问题和行为问题。从进化的角度看，这种对归属感的渴求促使人们相互合作、相互保护，从而帮助我们这个物种得以幸存下来。作为群体而非个体去争夺有限的资源，我们可以更容易地获得人多力量大的好处。出于生存的需要，我们的身体通过进化已经把它变成一种实际的神经化学需求。

当我们对他人感到亲密时，我们的大脑就会释放催产素，这是一种亲密荷尔蒙，可以增强我们对群体成员的爱意，这一切最初始于我们的家人。催产素还会促使我们将群体利益置于自身利益之上，必要时保护我们的群体成员免受他人的威胁。在 2015 年的一项研究中，相比于那些没有被施用催产素的研究对象，被施用催产素的参与者更可能接纳群体成员的错误观点。这项研究的作者得出的结论是：被施用催产素的人

"更偏爱群体、愿意为群体撒谎、为群体利益做贡献、服从群体的偏好、积极保护群体免受外界的威胁"。

换言之，催产素可以增加我们服从或暂时支持某个我们个人可能并不喜欢的立场的可能性。为了寻求这种令人快乐的荷尔蒙奖赏，我们往往会优先选择那些有利于我们关系的行为。即使这样做缺乏坚实或重要的基础，我们也会选择亲密关系。我们渴望更多地按照群体的期望行事，就为了能够享受那种被我们关心的人接纳或崇拜的愉悦感觉。

1985年，约翰·休斯（John Hughes）执导的经典电影《早餐俱乐部》可以为这种亲密联系及其经常带来的损失提供某种见解。电影一开场，一群各异的青少年来到学校，忍受被关一天的煎熬。在沉闷的图书室里就座后，他们被要求写一篇作文描述"你认为自己是谁"。

这个时候，影片向我们介绍了5位主角的形象：一位脑瓜聪明、一位肌肉发达、一位神经质、一位公主病、一位像罪犯。

但随着电影情节的发展，在一系列充满喜剧色彩、偶尔又有黑色幽默的反转中，每位学生都在某种程度上挑战了这些角色固有形象。"肌肉男"承认自己感情脆弱，"公主"发誓说她讨厌自己的生活，"神经质"变得开明，"聪明男"坦陈自己最近试图自杀，"罪犯"最后将他的大麻塞进"聪明男"的裤子，从而转危为安。

在重要的亲密时刻，他们一起吸食大麻，忘我地绕着烟雾缭绕的图书室跳舞、大笑。随后，"早餐俱乐部"决定今后每周六继续聚会，接着集体写了一篇挑衅文章宣称："我们认为你们简直是疯了，竟然要求我们写这篇文章来告诉你们我们认为自己是谁。你们在乎吗？你们眼中的我们，只是你们想看见的我们，是最简单、最方便定义的我们。"

在美国文化中，年轻人经常被鼓励"找到自己"，以便对社会做出最大的、独特的贡献。主动性、自信和独立性被视为成功和个人幸福的关键要素。然而，讽刺电影《早餐俱乐部》触及了有关我们身份和人性的更深层的、令人有些痛苦的真相。"你是谁？"这个问题的答案不但是关于你作为个体的独特性，也是关于你归属的群体。

我们天生就会被那些拥有同我们相似的观点和信仰的人所吸引，寻求18世纪道德哲学家亚当·斯密所说的"某种心灵的和谐"。同拥有相同看法的人待在一起，可以强化我们的群体身份，提升信任感、合作精神、平等和生产力。我们的共享现实不但为我们的共同认知奠定基础，也为我们相似的价值观和世界观打好基础。这有助于保持我们的核心价值观和自我观念，也会为我们提供意义和自我价值感。确认我们群体共同经历的每个决定或每次互动，都会奖赏我们渴求的那种荷尔蒙愉悦感。

我们的自我认知混合着我们的独特个性和群体归属感。事实上，我们的个人身份同我们的社会身份交织得如此紧密，就连我们的大脑也无法区分清楚。如果我把你放在扫描仪下，让你谈论自己，然后再谈论你感觉最亲密的群体，那被激活的大脑神经网络都是相同的。这有助于解释为什么我们每个人都有不可抗拒的归属需求——但还不止于此。

当我们对某些观念产生情感依赖，哪怕我们还没有机会基于自己的个人经历形成这些观念，"确认偏误"（confirmation bias）就会容易产生。我们会利用找到的任何证据，强化我们群体预先确立的结论。这种共享感觉越强烈，我们就越想服从我们所认为的群体观念。特别是如果我们已经为群体投入了时间、精力和信仰——群体成员身份成为我们自我身份的一部分——我们就会保护我们一直努力强化的群体世界观。我们对群体外的人的敌意也会更强。

事实上，神经科学已经证实：看到我们的对手群体遭遇失败，我们会感到高兴。在普林斯顿大学研究人员所做的一项实验中，波士顿红袜队和纽约洋基队的忠实球迷观看自己球队的棒球比赛，同时接受功能性磁共振成像测量。参与者看见自己喜欢的球队的某个球员打得精彩，他们大脑的奖赏系统就被触发，这一点并不让人感到意外。但参与者看见对方球队的某个球员失误时，他们也会出现同样的荷尔蒙反应。因此，群体归属感有一大不良副作用：看见对手群体的成员失败，我们会非常开心。

群体归属感的吸引力虽然很强大，但还有一种力量更为强大，那就是害怕被排斥。我们的社会身份同我们的群体紧密相连，因此，被群体排斥会让人感觉像是"死亡之吻"。如果不加注意，这种恐惧就会让我们变得需要某些最糟糕的群体错觉并成为其共谋。

可怕的社交排斥

"排斥"（ostracize）一词来源于"ostracon"（陶片），这种陶片是古希腊人使用的"选票"，通过投票将政客、吹牛者、欺骗者以及讨厌鬼逐出雅典。公元5世纪，早在令人痛苦的弹劾程序被发明之前，雅典选民就将他们最讨厌者的名字写在陶片上，将最不受欢迎的人从他们当中驱逐出去。

每年，选民们都在市集广场排队，把自己写有名字的陶片扔进罐子里，然后认真对选票进行清点。不管是谁，当年获得选票最多的人，都会被"开除"。被驱逐者有10天时间收拾行李离开雅典，10年内都不允许返回。不过，10年期满后，他就可以返回，恢复自己在雅典的生活和工作。作为"协议"的一部分，他在雅典的原有财产会保持完好无损。

一个名叫麦加克勒斯的家伙被踢出了雅典，就因为人们不喜欢他专横的母亲以及他挥霍金钱养马的行为。但也有名人被踢出去，包括亚里士多德和雅典英雄伯利克里。

我最喜欢的陶片投票故事，是雅典政治家亚里斯泰迪斯的故事，他被历史学家希罗多德称为"雅典最优秀、最值得尊敬的人"。据说，在一次投票期间，有个不识字的人找他不认识的亚里斯泰迪斯帮忙。在我的想象中，他们的谈话应该是这样的：

"先生，请帮我把亚里斯泰迪斯的名字写在我这块陶片上，好吗？"

这位政治家眉头一皱："可以。你和他有什么过节吗？你认识他本人吗？"

"不，我压根儿就不认识他。"他回答说，"但每个雅典人都称他为'正义者亚里斯泰迪斯'，我觉得这样很讨厌。"

接着，亚里斯泰迪斯把自己的名字写在陶片上，交给那个人扔进了罐子。

虽然你我被踢出国家10年的可能性极小，但我们仍然随时害怕被排斥。我们大脑的某个脑区（前扣带回皮层，与身体和社交痛苦的诸多方面都相关）随时都在留意哪怕最细微的负面评判迹象。有意思的是，功能性磁共振成像实时扫描的结果表明，社交排斥和身体痛苦会引发相同的神经机制反应。在多项研究中，被排斥者会表现出血压升高、压力荷尔蒙皮质醇水平升高。不管我们感到的是社交伤害还是身体伤害，我们的大脑都会发出相同的警报。事实上，社交拒斥带来的痛苦类似于慢性背痛甚至是分娩痛。伤心之痛似乎会像腿部骨折那样疼痛。

对我们来说，要体验这种社交痛苦并不是太难。事实上，有关社交排斥的心理学研究表明，哪怕最轻微的冷落和怠慢也会引起痛苦。更糟糕的是，我们似乎经常（有时每天）都会经历这种痛苦。在一项研究中，40名参与者每天写日记，回想自己所经历的被群体排斥的行为。他们共记下了700多种社交排斥行为，其中有些行为很平常（比如在公交车或火车上没有被某个陌生人问候，给朋友发送电子邮件后没有得到迅速回复），而有些行为则更为严重（比如被伴侣冷暴力）。这些参与者报告说，被社交排斥，尤其是被朋友或亲人排斥后，他们的归属感、控制感和自尊感都会降低。他们还感觉自己存在的意义也减少了。

我们内在的感受器对排斥非常敏感，哪怕是远程的、虚假的社交排斥，也会让我们感到痛苦。网络社交排斥（感到在网上被人冷落或排挤）要比当面排斥更容易激发，但其引发的身体和情绪反应是相似的。问题是，在这个充满点赞、即时满足和数千虚拟"朋友"的网络世界中，我们很容易感到被人冷落。例如，状态更新后等待点赞评论这样的小事也会引发被排斥感。网络排斥的受害者不但会失去自尊，还会失去宝贵的归属感。[1] 显然，我们对社交断联的生物反应跟不上技术连接的速度。

不管这种排斥感的强度如何，它一旦被开启，我们的排斥警报就只会有一种设置：全速运转。哪怕是短暂地暴露于社交排斥，也会触发危及生命的压力。例如，在一项经常被复制的实验中，被试者和其他两人被安排在一个房间里玩抛球游戏，起初，两人和他一起玩，然后，这两个人突然毫无理由地将他排除在游戏之外。

全球各地成千上万的人参与过这项实验的网络版，叫作"网络掷球游戏"（Cyberball）。两种版本的实验都显示出同样的模式：被社交拒绝两三分钟后，被试者就表现出"强烈的负面感受"，特别是悲伤和愤怒。[32] 因此，在人为条件下同陌生人一起玩抛球游戏，甚至是玩电脑抛球的电子版抛球游戏，被试者都会感到被排斥和难受。

---

[1] 我们对排斥的恐惧是一种生存本能，其根源可以追溯至我们共同的祖先。人类早期，被排斥出社会群体的成员获得食物和资源机会较少，可供选择的伴侣数量也减少；有的成员会因此而死去。

就连看见别人被排斥，我们也会感到难受，仿佛我们就是那个被排斥的人。这种本能的同情是我们人性深层且本质的部分，因而让人感到宽慰。但我们对别人被社交排斥感同身受这一事实也表明我们对社交排斥的神经反应具有一个潜在的弱点。同过度灵敏的捕鼠器一样，它不能适度自我节制，过于敏感。

事实上，我们对社交排斥的自动反应如此强烈，受到群体排斥时，那种本来明显存在的群内人/群外人之间的界线就会消散。我们会陷入恐惧、自我怀疑和情绪痛苦，忘记那些排斥我们的人是敌是友，看不清当前的实际情况。例如，在 2006 年的一项研究中，来自澳大利亚的被试者同他们以为是三 K 党[1]成员的人玩"网络掷球游戏"。设身处地地想想，你可能会猜测说，被种族主义狂热分子排斥是不会让人感到难受的。但在这个案例中，被排斥的那些人仍然感到痛苦。

除了心理成本，害怕被排斥还有一个原因。群体会心安理得地利用它来维护其意志、实现其目的。

---

[1] 三 K 党（Ku Klux Klan，缩写为 K.K.K.）：美国历史上一个奉行白人至上主义的团体，也是美国种族主义的代表性组织。——编者注

反叛的选择：应该怎样处罚约翰尼

少年犯约翰尼·罗科出生和成长于20世纪30年代美国中西部一个城市的贫民窟，他称自己是"一个居无定所的人"。约翰尼在全家11个孩子中排行倒数第二，常常受到殴打和冷落。他的父亲是有暴力倾向的酒鬼和赌鬼，没有稳定的工作。他的母亲经常生病，因而也无法照顾他。5岁时，约翰尼亲眼看着他的父亲酒后与人斗殴而死，同时，他的兄弟们也常常暴力互殴。家里食物短缺，房租也难以支付。

罗科一家人都被冠以"骗子、小偷、捣乱分子"等污名，约翰尼从出生起就受到这种环境的不利影响。成长过程中，他发现很难适应生活。

他说："我从不属于任何地方。我从未发现有人很喜欢我，也没发现我喜欢和信任的人。"

他家总是在贫民窟里搬来搬去，约翰尼接受教育头七年就上了七所不同的学校。他的一位老师写道："他是我教过的最难对付的孩子。他不属于教室。"约翰尼的同学经常排斥他，不邀请他参加生日聚会，也不给他送礼物。

11岁时，在一位辅导老师的帮助下，约翰尼被一家教育诊所和私立教会学校接收。他最终学会了阅读，并连读了几个年级。他努力检点自己的行为，但依然在努力改正和行为不端之间来回波动。约翰尼对着满屋子的女童子军裸露身体，破坏社区场所，鼓动一群孩子用砖块和石头袭击一所房子，然后，他就被送回了公立学校。但并非每个人都对他失去了信心。教会学校的修女恳请他的辅导老师"不要放弃这个孩子"，因为"他比我们所了解的更努力地改过自新。他似乎就是控制不住要做出那些行为"。

不幸的是，同他的哥哥们一样，约翰尼很快就在警察局留下了案底。只要社区出事，警察就认为他肯定牵涉其中。一个夏天的晚上，约翰尼和两个朋友破门进入一处住所，偷走了价值50美元的珠宝。约翰尼供认说，他们马上就将珠宝卖给了寡妇哈特菲尔德太太，而她的儿子是当地的黑帮老大。

庭审时，约翰尼的辅导老师替他求情。一位警察甚至做出了对他有利的证词，说最近几个月他的行为大有好转。然而，法官最终都必须回答这个问题："应该怎么处罚约翰尼？"

20世纪40年代末，密歇根大学社会心理学博士生斯坦利·沙赫特（Stanley Schachter）邀请几组被试者阅读约翰尼的故事，然后给出他们的观点，在他们看来应该怎么判处约翰尼。沙赫特的实验目的，是发现人们在社交场合如何处理观点分歧。他让被试者从4个社交小组中挑选一个，然后安排每个小组中的8~10人讨论45分钟。不过，沙赫特并没有告诉学生，每个小组都藏着3位有偿扮演特定角色的假被试者。

然后，他指导各个社交小组讨论约翰尼的故事。约翰尼应该被送进少年犯教养学校，还是州政府监管的寄养家庭？或者他应该接受其他某种形式的处罚？参与者可以用1（不做任何处罚）到7（严惩约翰尼）的评分范围回答这些问题。

最后，小组的每个成员都和其他成员分享自己的评分。3位有偿参与的成员最后分享，每位选择一种事先给定的立场："偏离者"选择并坚持同大多数小组成员极端对立的观点；"模式者"选择并坚持大多数人的观点；"跟风者"首先选择极端的观点，然后跟风大多数人的观点。

大多数小组成员都同情约翰尼，选择的是评分从2到4的立场。"偏离者"（我称之为"汤姆"）总是选择"7"（严加管教），他的观点引起明显的反应。每次讨论一开始都是强烈针对汤姆，小组其他成员努力劝说他改变自己的想法。但过了一会儿，人们开始放弃劝说。他们不再和汤姆说话；事后，在小组成员互相评估中，他们评定他为小组最讨厌的人。他们还认定汤姆是最无能的小组成员，无法胜任最重要的任务。

沙赫特发现，某人和小组群体越对立，喜欢他的小组成员就越少。他还发现了特别令人不安的一点，那就是我们在社交场合中如何对待分歧和实现团结。凝聚力最强的小组最容易更快地拒绝和排斥"偏离者"：35分钟后，75%的这些小组完全终止了和汤姆交流。沙赫特总结说，群体的黏合度越强，就越容易排斥那些同公众观点不一致的人。

换言之，群体将排斥作为一种惩罚和肃清异己的工具。难怪，大多数人会避免与群体内的人发生冲突。但这样的冲突确实会发生；事实上，如果你真正地独立思考，冲突就不可避免。那如果你私下反对群体提倡的东西，情况又会如何呢？

苏珊的困境：这份工作太"坑"了，怎么办

我有个朋友叫苏珊，不久前，她给我打来电话谈到她在工作中遇到的一个问题。最近，她休完产假后回去工作，担任一家大型咨询公司的高级研究员，这家公司的优质客户包括科技、金融和能源领域里的大公司。

苏珊刚研究生毕业就被这家公司录用，她当时告诉我说她找到了"梦想的工作"。这家咨询公司很知名，薪水和福利都很棒。她爱这份工作，也喜欢她的同事们。她觉得自己找到了真正有意义的职业，这家公司会帮助她获得成功。她相信公司的"让世界变得更美好"这个使命宣言及其对可持续能源的承诺。

这份工作很快成为她个人身份的一部分。进入公司头两年，她表现积极，成为模范员工。生第一个孩子休产假时，她急于证明自己回去工作后依然能像做母亲前那样充满激情。

然而，回去工作时，苏珊失望地得知，高级经理突然将她调离科技业务部，去负责能源业务部的一个客户，而她和新上司素未谋面。

她的第一个重要任务是制作有关水力压裂法操作和流程的精美白皮书。她打来电话谈到这个任务时，几乎要崩溃了。"首先，他们没有征求我的意见就把我调到新的部门。然后，他们又交给我这个讨厌的任务，去服务一家很糟糕的公司。"她说，"我是说，我要去写水力压裂法的那些该死的益处！"

我知道，苏珊经常向350.org、自然资源保护委员会（NRDC）等环保组织捐款，因此，她的反应并不让我感到意外。她绝对不愿意吹捧化石燃料开采。

"那你和上司谈了吗？"我问。

"当然。"她说，"但我也许不应该去谈。"

"为什么？"

"是这样的，我告诉他，同这个客户合作会损害公司的形象。这家公司违反了各种环保法，但都只受到了象征性的惩罚。此外，他们还在污染宾夕法尼亚州和密苏里州的地下水、排放空气污染物。这些都有悖于我们所坚持的主张——我们的使命宣言中的'可持续性'。投标他们公司，会让我们看上去是牵连犯罪，有损我们的公共形象。"

"他怎么说的呢？"

"他几乎是当面嘲笑我。他说，我们和他们的合同已经签订，因此，对我来说，哪怕是质疑也是不专业的。他说他希望我按时交付任务。"

"好吧。"我说，"那你请求调到别的部门，可以吗？"

"我想调走，但这需要时间，其间，我必须完成那份该死的白皮书。托德，我是说，我要做的，是推销我不相信的某种做法。我如何能心安理得呢？我会每晚做噩梦的。和这个比起来，婴儿闹觉根本不算什么！"

我们都沉默了一会儿。

"那……"我缓慢地说，"你想……"

"辞职？当然想。但我不能，至少现在不行。找新工作要花时间，我需要这份薪水。"

我为苏珊感到难过。她该如何抉择呢？

苏珊的难题，我们大多数人都体会过。我们都曾在某个时候有过这种被限制的感觉。为了保住工作，她最终践踏了自己的伦理观，写出了白皮书并签上了自己的名字，继续留在公司，直到在一家符合其价值观的公司里找到了新工作。

不管是妥协还是坚守自己的身份，怎么获得成功并不重要。当你的个人价值观同群体其他成员的价值观发生冲突时，你会面临三种选择：你可以挑战群体，但有可能被排斥出群体；你可以决定离开群体，这基本上是自我排斥；你也可以做出第三种选择：直接屈服于群体的价值观，即使你私下并不赞同。

虽然第三种选择并不理想，常常让人感觉很糟糕，但这种选择——经济学家蒂穆尔·库兰称之为"偏好伪装"（preference falsification）——当时看似是合理的甚至是明智的选择。问题是，选择这条道路会带来意想不到的后果，其深远的影响将超过我们大多数人的认知或想象。原因在于，一旦你为了归属感而愿意就你的信念误导他人，到头来你就容易被迫去做自己不是真正喜欢的事情。

先假装，直到成真

当我们的信念和行为不一致时，我们会感觉失去平衡。社会心理学家利昂·费斯廷格（Leon Festinger）把这种感觉称为"认知失调"（cognitive dissonance）。这种不适感会促使我们将它们调整一致。我们要么改变自己的行为，要么合理化自己的行为，而我们通常会选择后者。

例如，费斯廷格有一项研究是看看人们有偿撒谎的情况。参与一项长时间的无聊实验后，大学生要告诉下一位参与者，说这项实验非常有趣、令人兴奋。有些人撒谎获得1美元，而有些人撒谎获得20美元。事后，要求他们分享对这项实验的个人看法时，获得20美元的对照组和参与者都说实验很无聊。然而，那些获得1美元的被试者对实验的看法更为正面。

费斯廷格解释说，被支付20美元的被试者很容易认定自己是为了钱而撒谎。而那些为了区区1美元而撒谎的人几乎无法为自己的撒谎行为找到正当的理由。这种认知失调促使他们改变自己的个人看法，以提供缺失的正当理由：如果不是出于自己的确信，他们怎么会说实验很有趣呢？因此，即使明知道实验其实很无聊，他们也对现实进行了校准，以印证他们所说的谎言。

这就是我们对自己的个人信念撒谎所带来的第一个风险：如果不加注意，我们就会慢慢地相信自己的谎言。但还有更糟糕的情况。我们之所以不愿意撒谎，一个原因是：如果没有说实话，我们就会感到不安，觉得会被其他人发现，即使真实情况并非如此。康奈尔大学心理学家托马斯·吉诺维奇（Thomas Gilovich）对这种效应做过开创性研究，他称之为"透明度错觉"（illusion of transparency）。这种错觉会让我们觉得自己是个可怕的骗子，哪怕我们其实并不是骗子。

谁没有过因为不想冒犯好心的送礼者而假装喜欢某个礼物呢？以善报善是通行的礼貌法则。但如果这个法则让我们继续说更多的谎言，我们肯定就会担心自己的谎言被拆穿。我们认为他人读出的我们的想法要比他们实际读出的多得多，因而我们会出现过度撒谎的行为。特别是焦虑、羞耻、厌恶等强烈的情绪，我们认为会很容易被他人看穿。

在一项研究中，要求被试者从 15 小杯红色饮料中喝一杯，同时要表情自然、不动声色。其中的 10 杯饮料味道可口，而其余随机的 5 杯饮料则明显难喝。整个实验过程都被录像，每位被试者都会被问：事后观看录像的 10 人中有多少人会看出哪些杯子里是真正难喝的饮料？被试者估计接近一半的观众（4.9）可以正确识别出难喝的饮料。而事实上，只有约 1/3 的观众能识别正确。

这种夸大自己透明度的倾向无处不在。我们会高估他人发现谎言、读懂同情、看出个人偏好的能力。如果你认为他人会发现你在撒谎，你就会做出全新的行为选择。

假设你为了迎合你所认为的群体想法而撒谎，然后有人当着大家的面质问你。你可能不会承认自己说谎（但你已经深陷其中，看上去像伪君子，因而会感到难堪）。你也可能为了留在群体里而加倍撒谎；而这意味着你得不顾自己的真实想法，去维持你真正相信群体想法的这一错觉。你越感觉自己需要向他人表明忠心、打消他们的怀疑，比如成为群体想法（尽管你私下反对这些想法）的坚定执行者，你在群体内的地位就会升得越高。

这种转移人们对你谎言的注意力的做法是非常普遍的。看看泰德·哈加德（Ted Haggard）的例子。泰德长相英俊，大学期间立志做一名牧师。20世纪80年代中期，他在科罗拉多州的科泉市创立了基督教新生会（New Life Church），会众由最初地下室里的几个人迅速壮大到2005年的11000人，被誉为美国最有影响力的教会。在21世纪初的鼎盛时期，新生会的年度预算高达1200万美元，哈加德也晋升为代表着全美4.5万个教会的福音派协会（NAE）主席。

同大多数福音派牧师一样，哈加德也反对同性婚姻。但他不只是公开谴责，他走得更远，甚至试图将这条禁令写入科罗拉多州宪法。"我们不需要争论应该如何看待同性性行为，"他宣称说，"《圣经》说得很清楚。"

对哈加德及其追随者来说不幸的是，2006年，一切都轰然坍塌了。当年年底，一位名叫迈克·琼斯的男妓和私人教练揭露了哈加德的男同性恋身份。琼斯告诉《洛杉矶新闻报》："有人公开鼓吹反对同性婚姻，暗地里却做着同性性行为，这让我感到愤怒。""我必须揭露这个伪君子。他身居高位，有数百万追随者，鼓吹反对同性婚姻，但背地里却在做自己公开反对的事情。"

丑闻曝光后，哈加德被开除，不再担任所在教会的高级牧师，还辞去了全美福音派协会的领导职位。

在我看来，哈加德决定撒谎、宣扬反同性恋的教理，不只是伤害了他自己、他的家人以及福音派的追随者，还伤害了他私下属于的男同性恋者群体。由于他知名度太高、影响力太大，整个国家都为这个人的

"认知失调"付出了巨大的代价。

为了归属感而违背自己的诚实正直,这样做会慢慢地磨掉你的自尊,而且研究也表明会对你的个人健康带来短期及长期的负面影响。[1]如果你确实反感你的群体所持的观点,但还是选择服从群体,这当然是你自己的决定。

但如果你误读了其他人,他们私下也反感这个观点呢?如果你犯此错误,为了融入群体而对自己真正想要的和自己是谁撒谎,那你就成了制造和维持群体错觉的共谋。而事态就由此开始蔓延——因为你决定欺骗他人,由此带来深远的社会后果、加深共有的误解,从而最终阻断社会本身的进步。

废除美国南方种族隔离制度的历史就是一个很有趣的例子。尽管具有旨在废除种族隔离的法律和法庭判决,但改变非常缓慢,这有一个具体而特殊的原因:白人以为其他白人都反对废除种族隔离制度。20世纪六七十年代,卫斯理大学社会学教授休伯特·奥戈尔曼(Hubert O'Gorman)发现,那些赞同种族隔离制度的人最有可能认为他们身边的人都支持种族隔离。另一方面,那些赞同改变现状的人更有可能认为只有他们赞同改变现状,尽管事实并非如此。奥戈尔曼指出:"白人越赞同实施严格的种族隔离这一价值观,就越容易认为他们所在区域的大多数白人都赞同他们。"由于误读他人、对自己的真实想法保持沉默,人们损害了自己的正直品格,也延误了他们私下希望推进的伟大事业。

未能读懂他人对种族公正的观点,这种事情一再地发生,也被一项

---

[1] 更具体地说,研究表明,撒谎会促使应激激素分泌,使心跳加快、血压升高。

项的研究证明。研究人员发现：超市的白人经理不雇用非裔美国人做店员，是因为他们误以为顾客们不赞同。

1969 年，一项调查研究发现：超过 75% 的底特律白人居民支持白人孩子和黑人孩子做玩伴，但他们同时又相信只有 1/3 的其他居民持有这种观点。这些错误认知支撑了现有的住房合同、居住分区、居住限制等各种系统性种族歧视做法，将一代代的非裔美国人和其他少数族裔隔离开来，无法获得优质的医疗、教育、住房资源和其他机会。它们还强化了各种模式化观念，这些观念不断地影响着今天的某些人，让他们有意识或无意识地做出种族歧视行为。

奥戈尔曼于 1976 年写出的下面这段文字，似乎说的就是我们现在这个时代：

> 即使是人数很少但比较团结的群体，成员也会经常误判其他成员的价值观和态度。在更大的、非个人化的语境中，这种形式的无知（涉及社会身份相似的其他认识和不认识的人）甚至更容易发生；在社会加速改变的时期，它往往会变得非常广泛。在此情况下，得到极少数人支持的道德准则可能因为被误读，以为它们代表着大多数人的观点而产生巨大的影响。

其结果是有害的、自我应验的预言。如果我们盲目地、最终被证明是错误地臆断周围其他人的观点，担心自己是少数人中的一员，那我们和其他人本身并没有持有的那些观点就更有可能长期存在。更糟糕的是，反对现状的人恰恰是实施者，因此，消解群体错觉就变成根本不可能的事。由此，"身份陷阱"使我们的归属需求武器化，让我们成为伤害他人、阻碍社会进步的共谋。

避开"身份陷阱":扩大你的社交组合

当吉姆·琼斯引诱克里斯汀·米勒和其他人加入他的邪教时,他确保这些追随者绝对依赖于他。在他们进入丛林深处与世隔绝之前,他要求他们为了他的事业牺牲他们的财产、家园,甚至在某些情况下,牺牲孩子的监护权。成员一旦进入琼斯镇,他们的护照和药物就会被收走,与外界的所有通信都会被审查。由于缺乏其他社交联系,又受到琼斯的武装警卫的严密监管,琼斯镇里的克里斯汀·米勒和其他人都别无选择。

他们的故事表明:如果不加注意,某个群体就会对你拥有邪教般的控制力量。如果你相信你的群体,而且群体成员在很大程度上是同质化的,那你的社交身份就会变得简单化、弹性降低、对社交差异的接受度降低。你的自我意识同群体服从性纠缠在一起,因此,你会不惜代价地服从群体。你越来越质疑任何不服从群体的人。

掉入这种"身份陷阱"后,我们会寻找理由同那些"和我们不像的"人划清界限,把他们排除在外。我们对相异的、"异花传粉"的群体变得不那么宽容,转而去拥抱刻板印象。我们非黑即白地描绘社交世界,并从中寻求慰藉和确信。

2005 年，心理学家玛丽莲·布鲁尔（Marylinn Brewer）和她的同事凯瑟琳·皮尔斯（Catherine Pierce）断言："当个体或社会体制受到心理、经济或政治损失威胁时，社交身份的定义就会受到降低不确定性这一强烈需求的驱动，基于一种更具排他性、复杂度更低、可以简化世界的范畴。其结果就是增强歧视、抗拒改变。"

那我们如何避免掉入这个陷阱呢？答案很简单：采取先发制人的措施。

要想避免掉入"身份陷阱"，你就得提升自己身份的复杂性。也就是说，不要像邪教成员那样把所有的东西都投资于一个群体，相反，你必须归属于多个群体，这也意味着你拥有健康的、多样化的社交身份组合。你选择加入哪些亲和群体，这并没有那么重要。只要这些群体能为你带来积极的、个人层面的意义。

你可以加入体育迷群体、音乐迷群体、读书俱乐部、游戏之夜、学习小组、车库乐队、合唱团或其他任何能吸引你并让你感到快乐的群体。比如，我的妻子加入了一个老年人遛狗群体，其他成员的年龄几乎是她的两倍，但让她感到惊喜的是，她发现自己结交到了一群热心的新朋友。

扩大社交组合，不但可以引领你安全度过单一群体的"流沙"、破除古老的"我们 VS 他们"魔咒，还会给你、我以及整个社会带来直接的益处。研究表明，如果你的某个社交身份让你感到受排斥和自卑，你可以将更多的能量投入另一种社交身份中，借此支撑你的自尊。在一项实验中，欧洲裔美国女性起初说，她们对自己的族裔和性身份的认同是相同的，后来她们被告知某个亚裔女性的考试成绩高于她们，于是，这些欧洲裔女性就更看重自己的族裔身份而不是性身份。

因此，拥有多种身份可以让我们重铸自我，保护我们的自我价值感，抵消那些让人感到无地自容的同类互比所带来的影响。[1] 每当我们感觉到自己被所属群体认可，我们都会获得美妙的奖赏感，这意味着，我们可以加入更多的群体（当然要有限度），从而使我们获得快乐的机会最大化。

提升身份复杂度的好处，还不止于此。21世纪初，索尼娅·罗卡斯（Sonia Roccas）和玛丽莲·布鲁尔对归属多个群体的益处有了新的发现：你认为自己所属群体的范围越广，你的复原力就越强，你的世界观也就越宽容、越包容、越细微复杂。同差异性更大的人交流互动，你还可以获得更多信息、更全面的角度，因而你陷入单个群体错觉的可能性就会降低。[2]

因此，扩大我们的社交身份组合是我们为自己所做的最宝贵的事情之一。此外，提升身份复杂度也有益于我们所属的群体。正如我们需要通过接触各种细菌来建立免疫系统，我们的群体也只有通过适应变化才能幸存和茁壮发展。理解和观念的多样性会让我们所有人都变得强大。

---

1 在某些条件下，这种保护自我的冲动会变得丑陋。感到受威胁时，我们往往会转向他人的身份，赋予他们更负面的特征或更有害的刻板印象，以便让我们自己更有优越感。例如，在一项研究中，被试者受到一位黑人医生的表扬，他们立刻就认同他的医生身份。然而，当他们受到这位医生的批评时，他们马上就强调他是黑人、能力低下，没有提及他的专业地位。
2 在一项研究中，研究人员询问222位俄亥俄州的居民，他们最重要的群体身份有哪些、他们对那些被自己最喜欢的群体排斥在外的人有何看法。一个人认为自己所在群体越复杂，他们越可能支持平权运动和多元文化，平等对待穆斯林、LGBTQ等其他群体的成员。

第 3 章
沉默即背叛

有时候，沉默就是背叛。

——马丁·路德·金（Martin Luther King JR）

共识陷阱:"我心知肚明,但我坚决不说"

假设你是00年代末荷兰的一名大学生。一天,你穿过文科楼去上课,看见一张招募研究参与者的传单。传单上写着:社会心理学实验"发现美"将探究人们如何感知容貌吸引力。你喜欢翻阅时尚杂志,认为自己具有较为敏锐的审美能力。根据传单广告的说法,这项研究也同时在法国和意大利进行。

你心想:"太酷了。"于是你报名参加了。

几天后,你填写了一份关于你的健康史——包括你是否患有幽闭恐惧症——的调查问卷,并安排时间去实验室。这项实验似乎很简单:你只需对不同女性的容貌吸引力评分,同时接受脑部扫描。相当于花一个小时浏览约会网站就能为科学做出贡献,你为此感到很兴奋。

实验当天,一位身着白大褂的实验助理陪同你走进一个房间,里面有一张窄窄的床,床的一端放着一个看起来像巨大的白色塑料甜甜圈的东西。"甜甜圈"的中央有一个管道,大小刚好能容纳那张床和一个人的身体。

助理告诉你说:"这是功能性磁共振扫描仪。"你躺在床上,她交给你两个控制器，每个控制器上都有四个按钮。她指着那些按钮说："你要用这些按钮对你看见的图片给出 1（吸引力极低）到 8（吸引力极高）的评分。你只有 3 到 5 秒钟的时间做出反应。"然后，她给你戴上头戴式耳机并调整好耳机位置。就在离你眼睛几英寸的地方，一个小镜子映照出位于"甜甜圈"管道另一端的显示屏。

"你感觉如何？"耳机里传来实验助理的声音。

"很好。"你回答说，尽管你其实感觉紧张不安，还觉得有点儿冷。

她提醒你要尽量保持平静。接着，你感觉床在向后滑进"甜甜圈"的管道。一分钟后，镜子中的显示屏就亮了，显示出一张女人面孔的照片。她画着很浓的眼影，似笑非笑，头发有些油腻。显示屏变成了黑色，只能看见下方的评分数字，你给这张照片评了"6"分。几秒钟后，这个数字周围的方框里显示出数字"8"，上方是"2+"。显然，对于同样的这张照片，"欧洲米兰和巴黎的女性参与者的平均评分"要比你高出 2 分。

你心想："哈，真是奇怪。我错过了什么吗？"

随着下一张照片跳出来，你尽力不去理会功能性磁共振扫描仪发出的"嗡嗡""砰砰"等噪声。在接下来的 50 分钟里，你持续给一张张的面孔评分。

实验结束后，你正在恢复室里逗留，另一位实验助理突然走了进来。他解释说，他们需要你对这些照片重新评分，这次不用接受功能性磁共振扫描仪扫描。他把你领进另一间屋子，确保你感觉舒适，然后向你出示同样的照片，只不过顺序有所不同。这次，欧洲的"平均评分"不再显示在你的评分之后。你也可以按照自己的节奏进行评分，你的反应时间不再被计时。

简短谈谈你对这次经历的感想后，你离开了实验室，对自己为科学做出了贡献感到高兴。

是的，你确实为科学做出了贡献，但不是以你认为的那种方式。呈现给你的整个实验前提是彻底的谎言。实验的真正目的是观察你对一组面孔的看法如何因为他人的评分而改变。欧洲的"平均评分"完全是虚构的，是预先设置来反映不同于你的看法的极端评价。法国和意大利的评分就是如此。但实验结果本身是非常精彩的。

功能性磁共振扫描仪可以实时显示：得知我们的评分与群体的评分背离后，会如何触发我们的大脑做出错误的反应。在神经学层面上，这种反应同我们碰到结果异于预期时的反应是相同的。通常而言，我们会将这种预期失败标记为错误。我们的大脑会记下这个错误，并指导我们改变行为，避免下次再犯。如果我们是在开车或高山滑雪，那这是非常有道理的。但在群体性社交场合中，这种反应意味着我们的大脑会把观点差异视为需要改正的错误。换言之，我们会潜意识地服从所谓的群体共识。

因此，第二轮实验结果显示被试者的评分有变：他们更靠近欧洲的"平均评分"。但请你想想这个发现真正意味着什么。被试者并没有受到群体的压力，其群体身份也没受到危及；他们只是被告知了欧洲两个国家的一组女性给出的评分的均值。然而，即使这个群体不在场且是匿名群体（更不用说是虚构的），其看法也足以推动实验参与者趋于服从。

事实上，即使我们并不在乎这个群体，即使这个群体的看法完全是虚构的，我们也想成为数字上的大多数。在社交场合，我们的大脑凭直觉行动，事实上都懒得区分表象和现实。

在这种情况下，我们就掉入了我所说的"共识陷阱"（consensus trap）。这种陷阱会制造类型独特的群体错觉——这种群体错觉不是基于谎言，而是基于沉默，而沉默不断蔓延，直到误解的迷雾彻底吞噬我们。沉默共识极为有害，因为它不会让我们感觉自己做了什么错事。我们没有盲目效仿群体，我们没有对自己的看法撒谎。但因为"共识陷阱"而保持沉默，其对社会的危害并不亚于其他两大陷阱。而且我们随时都在这样做。

为什么我们如此害怕被孤立

正如鱼儿为了不被掠食者挑中而会本能地游向鱼群中央，我们也会为了生存而紧跟大多数。[1] 事实上，如果我们同自己认为的群体想法——即使是容貌吸引力研究中那种完全虚构的想法——不合拍，我们就会感到非常脆弱。

这种偏爱大多数的倾向，在我们很小的时候就有所表现。有关婴儿的研究表明：18个月大的、对某些玩具毫无经验的婴儿会观察大多数大人的选择，从中知道他们自己应该最喜欢哪些玩具。即使没有人为的压力或动机，我们也喜欢跟随我们所认为的群体共识，其原因很简单：我们在生物学上天生如此。

正如我们对社交排斥心怀恐惧，我们也会害怕社交孤立。社交孤立比社交排斥更微妙、更隐秘，对我们的身心会造成更严重的伤害。除了

---

[1] 处在鱼群外围的那些鱼更容易受到捕食者的攻击，这不在于那些常见的原因（游得慢、老弱），很简单：捕食者最容易"捕食处在鱼群外围的鱼"。

其他的影响，社交孤立不但会引发压力升高、睡眠紊乱、心情抑郁，以及对潜在威胁的警觉性增强，还会导致认知能力变差和痴呆。[1]

相比之下，如果我们属于某个更大的群体，我们就会感觉自己同一个比任何个体都更为强大的网络相连。这是一种互利性的安排：群体的力量可以保护我们、让我们感觉更自在，而我们服从群体的动力也会与日俱增，从而强化群体的影响力和影响范围。因此，成为群体一员可以给予我们掌控感，而且群体的力量越强大，这种掌控感越强。由于你共享了群体的信念和规范，因此，"如果他们能掌控，那我也能"。这种力量感会激发我们的奖赏系统，因而我们的大脑会急迫地抓住它，就像婴儿抓住安抚奶嘴。大多数人的数量优势还会让我们因为明显的优越感和影响力而感到满足。我们的"城堡"得到巩固。

问题在于，这种特别的组合——我们对社交孤立的恐惧以及融入大多数人所带来的好处——会极大地激励我们服从我们所认为的任何共识。因此，面对变化不定的社会决策，对立的观点（通常只有两种观点）争相定义大多数人的看法，此时，我们大多数人就会观望，看看人数如何变化。变化的方向一旦清晰，我们就会加入数量占优的"鱼群"并从中获益：我们免于社交孤立，同时享有加入人数最多群体所带来的各种奖赏。

1965年发生在德国的一个事例可以说明这种现象。当年的大部分

---

[1] 从黑腹果蝇到人类智人，群居性物种受到孤立后情况都会变差。智人是能够创造意义的物种，如认为被社交孤立，通常情况下都会受到严重影响。研究表明，自认被社交孤立（比如孤独）是一大风险因素，可能导致总体认知表现下降、认知衰退加快、执行功能降低、消极情绪和抑郁性认知加重、对社会威胁的警觉性增加，这是社会认知的一种确认偏误，具有自我保护作用，也会适得其反，危害社会凝聚力。

时间里，该国的两大政党——基督教民主联盟党（CDU）、社会民主党（SDP）——的民调一直持平：45∶45。这种僵局持续了好几个月，但在大选前两周，情况出现了变化，基督教民主联盟党突然领先10个百分点。大选的最终结果是基督教民主联盟党以9%的优势获胜。

谁也不明白为什么会这样，起初，人们以为是投票舞弊。但德国民调和传播学专家伊丽莎白·诺埃尔－诺伊曼（Elisabeth Noelle-Neumann）对选举进行了为期半年的后续研究，她怀疑选情突变同某个促使摇摆选民不再"骑墙"的具体事件有关。她推测，这个事件就是1965年5月（与选情突变的时间大致重合）英国女王伊丽莎白二世访问德国。

来访的女王由时任德国总理、基督教民主联盟党成员路德维希·艾哈德陪同，提升了基督教民主联盟党支持者的士气，激发他们更公开地表达自己对该党的支持。而社会民主党的支持者则感到灰心丧气，越来越保持沉默、异常安静。基督教民主联盟党的支持者更多地发声，因而给人的印象是他们更可能获胜；于是，那些摇摆选民就倒向了基督教民主联盟党的一边。

虽然诺伊曼第一个描述了这种"从众效应"（bandwagon effect），但这种效应其实随时都在发生，特别是在政治领域。在选前的民调中，接触民调结果新闻报道越多的人，越可能在大选过程中改变自己的投票决定。

例如，2019年春，在竞选民主党总统候选人时，乔·拜登受到他的主要竞争对手伯尼·桑德斯和伊丽莎白·沃伦的严重冲击。民主党党内的左翼和年轻人喜欢桑德斯和沃伦，但温和派和老年选民不喜欢他们。

接着，在2月的一个寒冷的日子里，拜登在南加州一所中学的体育场里发表了演说。他在演讲中高度强调了他和占加州民主党人较大比例的非洲裔选民的关系，这一信息通过新闻报道和社交媒体不断被放大。根据南加州的初选统计结果，拜登赢得了64%的非洲裔选民的支持。一夜之间，选情就发生了改变，拜登连赢数州。一旦他的势头起来，选举就胜券在握了。

现在，假设你是艾米·克洛布查尔（在南卡罗来纳州败给拜登后退出竞选）的热情支持者。你是继续把她的竞选平台相关信息推送给家人和朋友，还是转而支持明显是民主党最佳总统候选人的拜登？

一旦感觉有人得势，我们不一定会认为自己的偏爱是错误的，但我们不可能继续为那个落后的候选人发声。"从众效应"还会降低我们表达小众观点的意愿。不管是哪个党派，只要更受欢迎，我们都会支持，这种共有的倾向最终会严重影响我们的国家政治，使民调和媒体对我们的民主及其运转能力拥有极大的、不正当的影响力。

"从众效应"当然不只是体现于政治领域。如果我们对自己所在一方感到不确信，或者如果我们认为形势在转向，我们就会偏向于保持沉默，这种情况在我们的生活中反复上演。我们的判断力因为害怕被孤立、渴望成为大多数（或者在上述例子中，对政治失败的恐惧）而越发生扭曲，我们就越不会大胆说出自己的想法。而作为大多数中的一员，我们感觉我们可以毫无风险地公开表达自己的观点，自信地认为"外面"大多数其他人都同意我们的观点。

但如果我们确实不知道人数会朝哪个方向变化，我们会怎么做呢？

"我绝不会唱反调"

假设你是新当选的市议会成员,议长是你的导师。能参与市政府的工作、解决你关心的各种问题,让你感到非常兴奋。

在你第一次参加的会议上,市议会就面临着一大难题。住房管理局发出了警报,指出需求旺盛的公寓的犯罪和吸毒问题日益严重。很多符合条件的申请人都在排队租住这些享有政府补贴的住房,包括老年人和残疾人。因此,住房管理局希望驱逐那些因毒品犯罪而被捕的租房人,以便为那些不太可能犯罪的租房申请人腾出公寓。

这个计划似乎很有道理,尤其是当被驱逐的是独居的单身租房人时。但随后你又得知,被控毒品犯罪的租房人,大多数都是18岁以下的青少年。现在,你和其他政府官员面临着这样的棘手问题:你们应该驱逐一个青少年毒贩而让家人与其分开,还是应该因为一个孩子的犯罪行为而驱逐整个家庭?不给予某种形式的惩罚,难道不会鼓励成年毒贩将未成年人用作通风报信的人吗?

从个人角度来讲,你希望看见更多的市政资金被用于帮助家人和改造罪犯,而且你认为大多数市议会成员都同意你的看法。你希望至少要对其中的利弊详加讨论。

但你的导师、议长直截了当地对你说:"如果孩子们在贩毒,那他们已经和家人分开了。"他还说,如果12岁以下的孩子被捕,他也会将他们驱逐出公寓。他补充说:"事实上,按照我的想法,不应该把他们分开。全家人都应该搬出去。"[1]

他这种斩钉截铁的强硬立场让你感到有些吃惊。你环顾整个会议室,发现很难看出其他人的想法。你不确定其他成员是否真的赞同你的看法。你心想:"也许大家真的赞同他的看法。"既然住房问题不是你的专业领域,你也不想坚持己见。

你心想:"我是否公开表态并不重要。我的意见不会改变投票结果,我不想冒险,免得被视为唱反调的人。"

于是,你保持沉默。

我们经常会陷入这种令人不安的沉默,其频率远远超过我们愿意承认的地步。特别是当我们有着不愿意告诉他人的动机时,我们更容易保持沉默。如果你的孩子在争取加入某个运动队、获得某项竞赛的胜利或进入某所顶尖大学,而那位市议会议长也是中学校董会成员,那你就会想想是否要挑起争论。在职场,保持沉默有时很重要。如果升职对你很重要,那么如果你的老板开了个不合时宜的玩笑,质疑他就不是一个好主意。

你可能会说:"好吧,我知道了。不过,保持沉默、坐看事态发展真的有问题吗?我只是不说出自己的真实想法。沉默不语只是不作为,又

---

[1] 这就是1989年安纳波利斯市住房管理局面临的真实的道德困境。

不是犯罪行为。哪有什么真正的危害呢？"

确实有危害，主要有两个方面。短期而言，服从谎言会伤害我们自己。我们还会伤害所在的群体，因为沉默会阻断群体获得新的重要信息，强化"正统"规范而不管这些规范会对我们和他人造成多大的危害。长期而言，我们的沉默会成为制造和维护群体错觉的推动力。

旁观者的困境

伊万·贝尔特拉米年轻英俊，有着迷人的露齿微笑。20 世纪 40 年代初，作为法国医生的他憎恨纳粹，也憎恨和纳粹同流合污的法国维希政府。他是天主教徒，有很多犹太人朋友，有些朋友就躲藏在他位于马赛的公寓里，或者作为实习医生躲藏在他工作的医院里。他冒着生命危险，替法国抵抗组织成员传递消息，为犹太人提供突击检查和搜捕预警。

他还拯救被驱逐的犹太人。他的弟弟被纳粹逮捕并送往布痕瓦尔德集中营后，贝尔特拉米就领导一个地下特别行动小组，专门暗杀维希政府通敌者和德国盖世太保成员。

现在，假设你就是 1942 年的贝尔特拉米医生。你看见马赛的一名警察——你认识此人——正在搜捕犹太人。你和其他旁观者都目睹了这名警察冲着犹太人大吼大叫、满脸泪水。显然，他内心很抵触，但依然继续把惊恐的犹太人赶上牛车。

你不明白："沙龙先生如何心安理得？他为什么不反抗这种可怕的行为？他可以像我一样加入反抗组织。他是真的相信自己对这些人所做的事情是对的，还是觉得自己别无选择？"

其他问题也紧随而至："那些观望的人呢？他们真的赞同这样对待犹太人吗？他们也许和我想法一样。但如果我说出来，他们就会当场逮捕我。我绝不能以陷入这样的危机来抵抗组织。"

当然，这是一个极端的例子。但你想想，有些人为了避免难堪，即使房间烟雾缭绕、快要燃烧起来，也会选择不说话。即使公开表达观点的潜在成本微不足道或根本不存在，我们也往往会躲入沉默以及沉默带来的安全感之中。不过，面对那些对我们自己和他人的实际威胁，如果我们选择闭嘴，那这种习惯就会带来真正的危害。

在生活中，我们经常会容忍细小的但明显是不好的行为。目睹恶行，我们往往未能仗义执言——某个孩子被扇耳光、动物受虐待、金融欺诈、种族歧视、性骚扰、职场压榨等。事后，我们的生活又恢复如常，但我们的群体沉默确实会带来巨大的危害。它不但会危害我们目睹的那些直接受害者，也会危害其他所有的目击者。

不仅如此，我们整个社会也会受到伤害，因为我们的沉默都在传递这样的信息：我们赞同恶行。我们人类会相互模仿，因此，这种行为会带来指数级的效应；当"其他所有人"似乎都在做和我们相同的行为，我们就会以为他们肯定也认为这种恶行是可以接受的。

正如纳粹占领下的法国，明显的权力不平衡和不平等往往驱使人们保持沉默。为了保护自己，又为其后果感到恐惧，我们不敢公然反对那些有权力的人。我们暗自希望某个更勇敢的人先发言，这样我们就更容易跟随他。

同专横独裁的 CEO 开过会的人都知道，只有他喜欢的或风险阈值更高的那些人才敢于反驳他的话。其他人都在不停地查看自己的手机。**面对权威人物的潜在批评，闭嘴往往是最容易做的事情。**毕竟，我们从小就是这样被训练的。但在同行压力大、很难对当权者说真话的职场，保持沉默是危险的规范。

在一项有关职场沉默的研究中，85%的调查对象都报告说，他们至少有一次感觉自己未能向老板提出某个重大的关切问题。在另外一项研究中，93%的调查对象说，由于员工不愿意或不能说出自己的想法，他们的组织存在发生某些重大问题或事故的风险。

组织行为学的相关研究文献经常提及这样的故事：员工害怕指出错误或不敢提醒高层管理人员潜在的事故风险，从而导致状况的发生。美国航空航天局（NASA）的工程师们太害怕自己的上司，因而没有报告他们担心的"挑战者号"航空飞机O型环可能存在泄漏问题。

1986年1月28日那个寒冷的清晨，因为这个关键的瑕疵，航天飞机发射起飞仅73秒后就发生了爆炸，机上所有人员均不幸遇难，震惊了全世界。大众汽车公司据说有一种压制性、威权性的文化，使得工程师们制造的汽车柴油发动机的尾气排放控制存在欺诈情况。真相曝光后，大众公司被罚款数十亿美元，声誉也受到严重损害。

即使是在说真话应该成为公司价值观的美国硅谷，如果员工说得过头，往往也会被解雇。正因为如此，谷歌公司前研究员、非裔美国人蒂姆尼特·格布鲁发表了一篇批评谷歌技术的论文后，她发现自己的工作丢了。

然而，对当权者说真话是一件痛苦的事情，尤其是在关乎个人收入、名誉和公司利益的职场。金伯利·杰克逊的遭遇就是这样的一个例子。在新冠大流行的高峰时期，她注意到，由私立护理院转至她工作的精神病医院的享受政府医疗补助的老年和残疾患者的人数激增。

她说："护理院似乎有意地把痴呆症状当作精神病的证据。"

她的观察与养老院驱赶病人的广泛模式相一致：在全美范围内，那些主要以营利为目的的护理院一直在以精神疾病为借口将其病人转至医院，并禁止病人转回去。这种叫作"弃置病人"的做法是违法的。

然而，当杰克逊向《纽约时报》说出自己看见的真相后，她的雇主——印第安纳州克朗波因特市神经行为医院——立即就以违反医院媒体政策解雇了她。对此，杰克逊的回应非常简单："我看见了错误的做法，并大声说了出来。"做到这一点需要极大的勇气，以她为榜样，我们都会大获裨益。

另一个例子来自采矿区。自20世纪70年代起，根据"矿工健康监护计划"，联邦政府一直为矿工免费提供X光胸透和其他筛查服务。然而，只有1/3的矿工接受了筛查。在黑肺病流行期间，特别是年轻矿工都应该接受筛查，以便尽早发现这种疾病。事实上，前来接受筛查的矿工，大部分都是即将退休的老年矿工。为什么会这样？

在提交给政府的公众意见中，矿工们表达了他们对保密性以及可能受到雇主打击报复的担忧。从原则上讲，以健康原因解雇员工是违法的，但雇主可以轻易找到其他理由来歧视某人或终止劳动合同。正如一位工会工人所言："公司最不愿意看到的事情，是某个员工……事后证明是在他的矿场染上黑肺病的。"

当被问及他们是否觉得可以报告健康或安全危险而不用担心被打击报复，只有20%的矿工给出了肯定的回答。相比之下，95%的管理者认为他们的工人可以自由地说出潜在的危险。就像身体四肢会因为寒冷而麻木一样，这种沟通障碍对个人和组织来说都是致命的。

自古以来，那些最有权威的人一直通过施压和威胁让人们服从、保持沉默。但近年来，社交媒体已经改变了这种模式，信息变得大众化，开启了一种全新的、强势的力量——这种力量比传统威胁更无信义可言，也更为普遍。

沉默癌细胞

劳里·福里斯特（Laurie Forest）博士是小镇上的一名家庭牙医，她戴着柔软的蓝色医用帽，里面整齐地藏着她那又长又直的褐色头发；戴着防护面罩，透出一双充满善意而机灵的蓝眼睛。她穿戴着令很多人畏惧的淡雅手术衣和白色橡胶手套，工作时面带笑容，说话平和而自信。她的工作是维护我们身体最重要的工具之一：牙齿。白天，她埋头于人体口腔这片阴暗的"沼泽地"。但到了夜晚，她窥视的是完全不同的、更富魅力的"口腔"。

她创作青年奇幻小说。她首次接触这种文学体裁，是由于四个不满13岁的女儿的一再央求。她解释说："我以前从未读过玄幻小说，她们不断地让我读《哈利·波特》。于是，我最终屈服了，我喜欢上了这种小说。我开始阅读她们交给我的每一本书。"她成了这类书的忠实粉丝；生活中的偏见和同性恋恐惧给了她灵感，不久之后，她开始创作自己的小说。2017年初，她的小说处女作《黑女巫》（*The Black Witch*）——融合魔幻、悍妇、勇气和罗曼史，情节引人入胜——准备出版。但这部小说含有"黑暗巫术"，因而注定命运多舛。

就在小说预定出版日期前几周，青年奇幻小说圈里有个索尔特夫人那样的女士在博客里发表了一篇措辞严厉的帖文。她写道："《黑女巫》是我读过的最危险、最有冒犯性的书。归根结底，它是写给白人的书。它是写给那种认为自己不是种族主义者、认为自己因为把有色人种当人看而应该得到赞赏和表扬的白人看的。"小说刻画的某些群体涉嫌种族冲突和种族歧视，他们表现出种族主义信仰，使用"血统纯正""混血"等术语。小说中的这些段落被抽离语境，直接粘贴于博客帖文中，成为她表达愤怒的素材。

她的这篇评论被其数千个推特好友转发，很快就在推特空间里集合起一群自诩致力于社会公正、大胆而鲜明地表达异见的青年。

短短数日，网上质疑者纷纷将矛头指向小说作者和出版社，要求取消这部小说的出版。与此同时，书评网站Goodreads上也出现有组织地抵制《黑女巫》的现象，"1星"差评大量涌现，提交这些差评的人，很多甚至没有读过这部小说。那篇博客原文下面涌入数万条评论，批评者们就像是装备有"胆大包天"毒刺的愤怒蜂群，疯狂地围攻那些正面评价这部小说的人，很多正面评论者被迫陷入沉默。最糟糕的是，辱骂不断升级，竟然出现了偏执狂、同情纳粹、白人至上主义这样的"指控"。

作为初出茅庐的作家，福里斯特的初衷是明确传达反种族歧视、反种族主义的信息，但这些攻击让她大感震惊、深受困扰。不过，思考这一问题后，她决定采取的做法，是那些批评者不愿意为她采取的做法：她倾听他们的想法。那些真正读过小说的人发出的声音，给予了福里斯特莫大的慰藉，他们得出的结论同网上的批评声音大不相同。最终，她决定继续出版这部小说。

本书写作期间，《黑女巫》在亚马逊网站获得了"4.5星"好评，在Goodreads网站获得了4.08分的评分。2017年，Goodreads的一位用户贴出了这样的问题：一部在其描述中"没有植入任何对种族纯洁神话的批判"的小说，怎么能"在2017年出版，而且针对的是年轻读者群体"？这个问题收到了27条回复，异口同声地围绕着同一主题："这正是本书的全部精髓""去读读这部'该死的'小说吧"。

这个问题的提出者没有做出任何回应。也许他是因为羞愧而保持沉默？2017年5月，网名为"艾米丽"的网友发布的一篇"4星"评论帖子获得了1971个点赞和阅读。

她写道："我认为，《黑女巫》是对人们持有的各种偏见的深入思考。"她还写道："作者所呈现的各个种族，显然都是复杂的、饱含同情的。"毫无疑问，这种评论有助于解释6部《黑女巫》系列小说为何能在全球大获成功并被翻译为多种文字。

福里斯特的故事表明，盲目沉默是如何自成因果，烧掉其触及的一切的。（甚至诋毁她的一个人自己也遭遇到同样的事情。）这个故事还表明：我们愿意让自己保持沉默，这通常并不是我们对真正的大多数做出的反应，而是对我们以为是大多数的发声的少数人做出的反应。

它也表明，我们可以保持自己的声音，勇敢地、不是同样冒犯性地同霸凌抗争。

数字技术普及之前，非主流观点较难拥有吸引力，因为他们必须说服其他人相信他们的价值观。现在，你只需要有一个社交账号。

社交平台可以让任何别有用心的人发起数字攻势，直接控制所谓的大多数，用毫无掩饰的愤怒恐吓所有不赞同的人，让他们陷入沉默。这正是发生在福里斯特和无数其他人身上的事情。由于受到社交媒体的强化，网络霸凌迫使人们保持沉默和导致报复性反弹，最终强化我们努力防范的那些东西：社会谴责、极化和恐惧。

毫无疑问，借助社交媒体，可以让哈维·温斯坦那样的性掠夺者为其行为负责，这是绝对有利于公共利益的。过去，当权者通过展现威权"肌肉"的力量制造伤害，而今天的社交媒体已经使霸凌"民主化"。**只需手指轻敲一下，网络霸凌就可以利用社交媒体触发审判和仇恨的滚滚"泥石流"。**

左翼作家、学者马克·费舍尔（Mark Fisher）对他称之为"吸血鬼城堡"的"封杀文化"（cancel culture）予以了坚决的抗击。他指出，推特风暴卷起的那些"公开的野蛮行径"和严厉谴责使人们掉入陷阱，它们越界了，以"点滴式辱骂"方式（魔术般地变出一个挥之不去的、躺在病床上挂静脉点滴的病人形象）不停地纠缠和羞辱公众人物。不管某人是否做了错事，这种形式的网络暴力都会留下（用他的话说）"可怕的残渣：良知败坏和道德迫害散发出的恶臭"。

更糟糕的是，社交媒体上发生的这种组织严密的远程互动还为仓促判断和剥夺个体作为完整而复杂的人提供了肥沃的土壤。**对于某个人，如果你只能看见评论、照片和几个视频片段，他的整个身份就缩进了一个小"盒子"**，盒子表面精美地装饰着各种想象出的刻板印象。结果是，某人非常简化的观点同他的真实身份发生分离，从而制造出一种网络"防护罩"，保护和鼓励他们冷酷无情地摧毁受害者的防线、霸凌受害者。正如费舍尔指出的，这就是整个人如何"被某个欠考虑的言论或失当的行为所定义的"。

如果真人发起的网络霸凌还不够糟糕，那最近几年又出现了新的霸凌"队员"。

社交机器人是一种可以轻易地武器化的在线机器人，它会放大非主流观点，利用我们对大多数的偏爱。它就像是哈哈镜，甚至会扭曲我们对大多数的看法，让我们为自己的信念寻找证据、用数字代替真实的个体。例如，我有个朋友是共和党人，支持"拒绝特朗普"运动（Never Trump），他在自己的推特上发表了对这位前总统的负面言论，结果收到了海啸般的仇视回复。他告诉我说："我收到的只是几千人的转推，但我感觉地球上的每个人都在捉拿我。"从那以后，他不再使用推特。

这种自动化的虚假社交账号被设计来模仿人类的某些网络行为，比如点赞、分享、把内容发帖到社交网络。根据编制好的程序，社交机器人可以用它们的观点和声音淹没合理的辩论，或者通过增加某人或某个帖子获得的点赞数量来制造人气假象（也叫"制造共识"）。正如一位研究人员所指出的："社交机器人极大地提升了一个人对其他人的操控能力。假设你有位讨厌的脸书好友，而他又总是挑起政治争斗。如果他拥有一支5000人的机器人大军，情况会糟糕得多，对吧？"这实际上就是社交机器人所做的事情。

社交机器人制造的大多数人的假象还可以调动虚假信息，触发"沉默螺旋"（spiral of silence）——这个术语由伊丽莎白·诺埃尔-诺依曼首次提出，用以描述人们被自我审查压制时所发生的情况。

委内瑞拉总统尼古拉斯·马杜罗等领导人也认识到社交机器人的政治潜能。2013年10月31日，推特突然关闭了6000多个被用来直接转发马杜罗内容的社交机器人账号。这些机器人涉嫌违反推特的使用规则：禁止"任何提升账号或内容人气或活跃度的虚假行为"。这些社交机器人的数量只占马杜罗粉丝数量的0.5%，然而，它们被关闭后，这位总统的内容的平均转推数量暴跌了81%。

为了更好地理解网络机器如何影响我们的网络人气观念，经济学家胡安·莫拉莱斯（Juan Morales）对这一事件进行了研究。通过分析6个月里发送的20多万条推文，他发现：宣传马杜罗的自动转帖数量下降同批评这位总统和支持反对党都具有相关性。换言之，社交机器人制造的这种人为的、注水的大多数为委内瑞拉的政治讨论强加了"沉默螺旋"。

人气泡沫破灭后，这位总统马上就失去了大量的所谓支持，基于真实情况而非社交机器人制造的假象，公众舆论被重新校准。这种重新校准似乎也减轻了委内瑞拉人民对表达自己真实观点的恐惧，即使他们似乎是少数人。

虽然很少有人意识到，但事实上现在19%的社交媒体互动都不是人际的，而是人和社交机器人之间的互动，这一数字令人感到恐惧。基于社交媒体网络统计模型的研究表明：社交机器人只需占讨论参与者的5%～10%，就可以随意操纵舆论，使其观点成为主流观点，为超过2/3的讨论参与者所接受。[1]

当那些有影响力的非主流人物——这个世界上的索尔特夫人们——强力推行某个并不反映真实情况的立场，利用大众的无知、利用那些等待观望风向的人的沉默支持，他们很快就能结成一股扭曲的、飓风般的社会力量。少数人的真正支持支配着大多数人的影响力，由此产生的群体错觉可以控制群体的力量，让我们陷入危险的"沉默螺旋"。

---

[1] 关于网络机器人的政治立场，保守派要比自由派稍占上风。

陷入"沉默螺旋"

回到1965年的德国,社会民主党的支持者没有意识到,他们的沉默促成了"基督教民主联盟党正在赢得大选"这一错觉。由此产生的"沉默螺旋"促使诺依曼去思考沉默中潜藏的危险的从众性。

事实上,我们越认为自己的观点会和现状支持者——特别是我们的家人、朋友和邻居——发生冲突,我们的共同认知就越扭曲。真相变成一个腐化的大秘密,就像是皇帝的新衣。然而,在绝大多数情况下,谁也没有足够的勇气说出真相,因而都保持沉默。

我们选择沉默,那些愚昧无知、对"皇帝"溜须拍马的人(少数人)就更有可能成为表面上的大多数。

我们都曾面临这样的情况:碰到问题和不可避免的冲突时,避而远之、保持沉默似乎更容易。但我们寻找的与己无关、不合时宜等借口,实际上是在助长无处不在的霸凌。你的"比尔叔叔"在感恩节聚会上发表种族主义言论而你不当面指出,你的老板不公正地对待某位同事而你不质疑,你的市长或议员做出糟糕的决策而你不大声抗议——所有这些细小的选择都有助于制造一种小范围观点一致的印象，这种印象会滋养出更严重、更可怕的东西：大规模的、普遍的群体错觉。

毫无疑问：你我此刻正被卷入某些群体错觉。如同游入透明之网的鱼群，我们在不知不觉中正被赶入从众和自我审查的围栏。事实上，借助于社交媒体，我们天生的自我审查倾向已经发生转移。

请比较一下现在和20世纪50年代初的情况。当时，来自威斯康星州的参议员约瑟夫·麦卡锡指控数百名美国人是共产党，犯有颠覆罪和叛国罪。由此煽起的"红色恐慌"（Red Scare）引发人们如妄想狂般的恐惧浪潮，毒害着美国的所有酒吧，渗入美国社会的基石。麦卡锡领导的"众议院非美活动调查委员会"（HUAC）成为美国政府心脏中的一颗毒瘤，迫害了美国国务院、学术界、影视界和工会数百位无辜者，对许多人的事业造成了毁灭性的影响。（同性恋者也被列为嫌疑人，原因是他们可能对美国安全构成威胁。）受侵扰者名单包括：查理·卓别林、奥逊·威尔斯、露西尔·鲍尔、丹尼·凯耶等知名演员和导演，伦纳德·伯恩斯坦、皮特·西格等音乐家，阿尔伯特·爱因斯坦等顶尖科学家，兰斯顿·休斯、贝尔托·布莱希特、达尔顿·特朗勃等著名作家。

然而，即使是在"红色恐慌"的高潮时期，美国人也不太担心说出自己的真实想法。只有13%的受访者报告说，他们觉得自己的声音比以前更受到压制。尽管麦卡锡主义给美国社会留下了黑色的污点，尽管13%在民主社会中仍然代表着很多人，但相比于今天两极化气候中的美国状况，这一数字就显得微乎其微。

当前，我们正在经受较为严重的自我审查流行病的煎熬。2020年7月，知名智库"卡托研究所"（Cato Institute）的研究人员向受访者提出问题：公开表达自己的个人观点会感到自在随意吗？接近2/3（62%）的受访美国人给出了否定的回答，因为其他人会觉得他们的观点具有冒犯性。大多数的民主党人（52%）、无党派人士（59%）和共和党人（77%）也都承认自己拥有这种感受。

想到惯于自我消声的人，你的脑海会浮现出那些没有工会组织的、无力的、生活在被当权者报复的恐惧中的工人形象。但现代版的自我消声是公平公正的破坏者。它会影响每一个人，不管什么种族、经济状况、政治倾向和教育状况。

例如，你可能认为，受教育程度高的知识分子多谋善断、信奉实验，因此，他们思想会更加开放，会保护各种相异的少数派观点。然而，根据我自己的经验判断，学术殿堂里自我审查的盛行程度，和其他地方完全一样。事实上，2019年的一项研究表明，受教育程度低于高中的人当中，27%会自我审查；而在拥有高中或大学文凭的人当中，这一比例分别达到34%和45%。[1]（我敢说，在那些拥有硕士和博士学位的人当中，这一比例会更高。）

当我们认为只有自己害怕成为少数派，我们往往就倾向于错误解读他人的行为，以为他们赞同大多数人的观点。于是，我们会保持沉默，心里会想："那么多人不可能都错了。"反过来，这又会向那些为了归属感而模仿或服从的人传达同样的信息。不知不觉地，我们都在玩着自我审查的游戏，而且原因完全相同。群体错觉由此诞生并迅速生长，犹如尽情享用沉默大餐的神秘怪兽。

如果你生活在说真话就有生命危险的威权之下，那就有必要保持沉

---

[1] 换言之，"某种程度上，学会闭嘴具有增强社会性的作用，懂得哪些观点适合，特别是哪些观点不适合表达"这个过程也被叫作"民主学习"。这个模式表明，受教育程度越高，自我审查的可能性其实会越大。

默。但如果我们因为某个群体错觉而保持沉默，那就会将自己和他人置于危险之中。特别是在民主社会中，社会的健康和活力有赖于我们尽管立场不同但可以公开分享观点，因此，这种沉默具有极大的毒害作用。

此外，沉默还会妨碍建设性的辩论，阻碍我们展开迫切需要的那种对话。例如，研究人员发现：有关气候变化问题，人们常常自我消声，原因是他们认为其他人不赞同他们的观点，或者担心其他人认为他们没有资格讨论这个问题。缺乏对话会形成人们漠不关心的错误印象，而漠不关心确实会威胁到我们所在的这个星球。

当然，我们每个人表达自己观点的阈值都有所不同，这个临界点会根据谁是你观点的支持者以及你与他的关系紧密程度而发生变化。我们很多人看见自己的观点得到公众支持后才会公开表态。我们很少有人会坚持己见，有些人需要意见近乎一致时才会表达自己的观点。有些人需要"多数票"。有些人则闭口不谈。[1]

不管你公开表态的临界点是什么，都必须记住：每次你决定对自己的观点保持沉默，都是在助力"沉默螺旋"。每人沉默一次，螺旋就会慢慢形成，越来越多的人就开始含糊其词和寻找借口，隐秘地"投票"给不道德的行为或明显专制的、不公正的做法和规范。于是，螺旋逐渐变大。最终，这个沉默系统会变得无处不在并成为常态，为人们所接受。于是，因为沉默，我们每个人都成为心甘情愿的共谋者。

---

[1] 每个人公开表达观点的阈值不一，其分布状态很难估计，但在任何给定的人群，这种混合状态都可以影响"沉默螺旋"发生的可能性及其方式。

质疑的种子，长出勇敢的花

美国内战结束时，一个获得自由的、名叫劳伦斯·韦尔的奴隶从佐治亚州步行前往南卡罗来纳州，去寻找他失散的、仍处于奴隶制下的妻子和家人。这趟行程充满危险和变数。即使他找到了他们可能居住的地方，由于战后的混乱状况，等他赶到时，他们很可能也已搬走、受伤或被杀害。

他的曾孙女塔拉纳·伯克说："每次听到这个故事，我都会心想：'他是如何做到的？难道他不害怕被白人治安会抓住和杀害，不担心他赶到时他们已经走了吗？'于是，我有一次问我的祖母，她为什么认为他会去寻找他们，她回答说：'我猜他必须相信可能性。'"

今天，伯克也梦想着要打破数百年来有关性骚扰和性虐待的沉默共谋。[1] 她经常引用那些促使她发起全球"Me Too"运动的可怕数据。例如，

---

1 根据非营利组织"停止街头骚扰"2018年所做的一项研究，约77%的女性经历过语言性骚扰，约51%的女性在未经许可的情况下被性触摸，约41%的女性说她们在网上被性骚扰过，约27%的女性说她们躲开过性攻击。

美国有一组统计数据显示，有 1/4 的女孩和 1/6 的男孩在成长过程中曾受到性侵犯。绝大多数的跨性别女性也未能幸免。同样，受影响的其他女性和残疾人也与其所占人口数量不成比例。60% 的黑人女孩在 18 岁之前都曾经历性暴力。

伯克在纽约布朗克斯区长大，近 30 年来，她一直致力于支持非主流年轻人的行动和组织工作。她发起"Me Too"运动，是因为她在自己工作的亚拉巴马州青年营里遇见了一个 13 岁的女孩。

一天，这个女孩私下找到伯克，向她讲述了自己遭遇的性暴力，她感到难以置信、目瞪口呆。她解释说："我毫无准备。"

她想提供帮助，但只能将这个女孩儿托付给其他人。女孩再也没有回到青年营，伯克一直想知道她的情况。女孩透露的事情，让她深感内疚、难以释怀，她反复问自己："为什么你就不能说'你也是'呢？"

2006 年，伯克就是这样做的。她在社交网站 Myspace 上发起了她一直想创建的"Me Too"运动，这一运动逐渐扩大，引起人们的关注。但真正点燃这把大火的，是 2017 年 10 月制片人哈维·温斯坦被指控犯有持续而广泛的性暴力罪。由此，在几位社会名人的帮助下，"Me Too"运动风靡于社交网络。女演员艾丽莎·米兰诺在推文中写道："如果所有受到性骚扰或性侵犯的女性都在自己的状态中写上'Me too'，那我们就可以让人们感受到这个问题的严重性。"

很快，全球数百万人做出响应，发帖讲述自己的"Me Too"故事。正如伯克所言，"这个运动表明感同身受具有深远的影响力量"。

那些公开反对错误言行的人拥有改良社会的力量，我们经常颂扬他们的勇气。当然，我们每个人都应该按照自己的信念采取行动。但有时候，我们当中哪怕是最勇敢的人也无法承受公开表态所引发的人身、经济或社交后果。例如，许多公开反对性骚扰的女性都担心自己和家人的人身安全。温迪·沃尔什是站出来指控受到比尔·奥雷利性骚扰的女性之一，她坦陈："我担心自己的孩子们。我担心受到报复。我清楚男人愤怒后会做什么。"其他人无法承受失去工作的代价，因而只能做出"忍气吞声"这个艰难的决定。

但这并不意味着沉默是唯一的选择。绝对不是。

要想远离这种"共识陷阱"，你只需做到简单的一点：稍微质疑那个看似是共识的观点。质疑的种子哪怕再小，也足以帮助你辨别表面上的大多数是否是真实和正确的。例如，你可以说："我还没有做出决定。""一方面，我能看出 X 的价值，另一方面……"你也可以暗示有其他的选择，例如："我有个朋友，他……""我在某个地方读到过……"这样做，你就有理由拒绝，同时又保持自己的控制感。它还能为不敢说出自己想法的其他人提供"逃生出口"。这通常只需要有一丝质疑或不同意见的"火花"，一旦你砸开了大门，其他人就有勇气跟随你。

你还要提醒自己：提出相反的观点，并不一定会招来群体的愤怒。事实上，相反的观点更有可能是正确的。你还记得有关约翰尼·罗科的那个实验吧，大多数人并没有立即排斥"汤姆"。相反，他们想办法劝说他放弃自己的观点。因此，分享相反的观点是发现他人真实想法的绝佳方法。如果你听见那些强势的、赞同某一方的观点，你就较为确信它们代表着群体的真正观点。（当然，这不一定意味着你应该服从大多数人的观点，但它确实能告诉你这种观点不太可能是群体错觉。）相比之下，如果你看见很多人附和或支持你的观点，你就知道你们都陷入了"沉默螺旋"，此时，你就应敞开"逃生出口"。

还有几点需要注意。

种下质疑种子时，一定要真诚。提供一个你自己并不真正相信或关心的反对观点，这样做是没用的。关键是要帮助其他人分享他们的真实想法。和优秀的辩论者一样，对方观点有任何可取之处，你都需要予以认可。如果你认为大多数人的观点毫无可取之处，而这个话题对你又很重要，那你就要问问自己为什么不愿意公开表达自己的观点。

如果你害怕人身或经济的胁迫，那就想办法匿名表达或寻找志同道合者，尤其是如果这个话题至关重要。要问问自己是否因为上述原因而保持沉默，要敏锐地意识到是什么促使你做出自己的决定。

沉默的封盖一旦被打开，你就会知道群体的立场是什么。你就会知道，如果人们开始使用你的"逃生出口"，那这就是一种群体错觉。然后，你们可以一起更诚实地探究这些问题，更多地了解真实情况，这个过程可以帮助你嗅出可能隐藏在阴暗中的所有群体错觉。讨论之后，你就能做出是否要从众的明智决定，同时能公开表达自己的真实想法，解放了其他人，让他们也可以这样做。

作为个体，身处明显是多数派的包围中，我们常常会感到无力。但有时候，要打破某个群体错觉、防止产生新的群体错觉、确保准确的共有真实，我们需要的只是某个人说出真相。

我们无法独自生存。
我们的生活有着看不见的千丝万缕的联系，
我们的行为沿着这些"交感神经纤维"流动，
行为是"因"，回报为"果"。

——赫尔曼·梅尔维尔（Herman Melville）

中篇
社会困境

第 4 章
小变色龙

我们有一半是毁于从众，
但如果不从众，我们就会完全毁灭。

——查尔斯·沃纳（Charles Dudley Warner）

为什么你会怀疑自己的眼睛

请看看下面两张卡片上的线条。右方卡片上的哪条线和左方卡片上的线条相等?

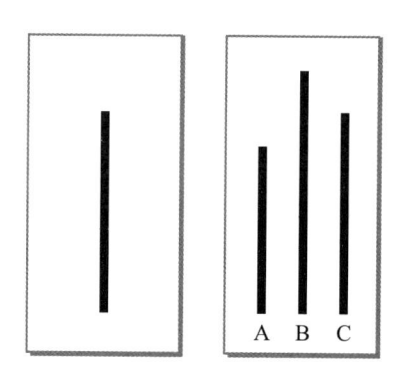

答案似乎是一目了然的。

但假设你和其他 7 个人坐在一起,而且你的答案是某项实验的一部分。仔细看过两张卡片后,你得出结论:左边卡片上线条的长度同右边卡片上的线条 C 相等(这确实是正确答案)。但有一个问题:按照房间座位的安排方式,让每个人依次表达自己的观点,你是最后一个。

你等待发言期间，其他参与者都相当自信地先后宣称：线条 B 同第一张卡片上的线条长度相等。

终于轮到你说出答案。你使劲地盯着两张卡片，眉头紧皱。其他每个人看见的，都和你不同。他们都错了？你开始怀疑自己的判断。你感到茫然。你应该坚持认为自己的观点是正确的、其他人的观点都是错误的吗？线条 B 可能是正确答案吗？你是坚持己见，还是无视自己亲眼看到的事实而跟随其他人的想法呢？

当然，同大多数心理实验一样，这个实验有两点是你作为被试者所不知道的。第一，你所在小组里的其他 7 个人都是所谓的"假被试"（实验实施者的合作者）。第二，他们都被要求给出错误的答案，并要表现出显然是正确的答案（线条 C）不是正确答案的样子。

如果你是唯一看出正确答案的人，那真理还是真理吗？我们大多数人会说：是的，因为真理不会屈服于任何人。但在 20 世纪 50 年代，社会心理学家所罗门·阿希（Solomon Asch）有了不同的发现。

在这个著名的实验中，他把一群大学生分成小组，每组 8 人。123 名被试者在相同条件下观看两张卡片，结果 2/3 的被试者至少有一次服从了误导的大多数。有些人不顾小组大多数人的压力，始终坚持自己看见的结果，但大约 37% 的被试者明知答案错误仍给出错误的答案。阿希得出的结论是：那些屈从他人想法的被试者肯定"本身存在着他们千方百计要隐藏的某种缺陷。因此，他们渴望融入大多数，却没有意识到这样做会带给他们长期的后果"。

这些被试者都低估了自己从众的频率。更奇怪的是，那些屈从于大多数的被试者，有些人事后对天发誓说，他们看到小组大多数人的答案时，完全不敢相信自己的眼睛。这让阿希感到困惑。他们是因为知道自己的答案错误而选择从众，还是因为群体的力量而改变了自己的认知？阿希还没来得及找到答案，就离开了人世。

多年以后的2005年，埃默里大学精神病学家、神经学家格雷戈里·伯恩斯（Gregory Berns）复制了阿希的这个实验。不同之处在于，这次伯恩斯使用了阿希所处时代还没诞生的一种工具：功能性磁共振成像仪。借助这种当时的新科技，伯恩斯可以看见被试者做出决策时大脑的状况。他发现，被试者每次选择从众，其大脑负责强化感受和奖赏的区域都会亮起。但如果被试者不同意其他人的答案，其杏仁体——与不快情绪相关的脑区——就会发出"错误答案信号"，使被试者感到难受。

最有趣的是，那些从众被试者的大脑显示出他们视觉系统中实际的物理变化，这表明人们实际上看到的东西发生了变化。因此，一些从众者实际上是根据他们自己的理解讲述真相。这种错觉被有些专家称为"受控的幻觉"（controlled hallucination）。

阿希和伯恩斯都证实了我们人类生来就会紧跟群体，从根本上解释了我们为什么会掉入"从众陷阱"。就我们所知，我们是地球上社会化程度最高的动物。这种独特的社会习性帮助我们人类茁壮成长，达到其他任何物种都无法企及的合作程度。我们过于合群，为了避免感觉自己是外人，我们很容易怀疑自己亲眼看见的证据。在生物学层面，我们实际上生来就会和他人比较、模仿他人的行为，即使我们不想这样做。

正因为如此，我们才极其容易受到"群体错觉"的影响。要想不再掉入"从众陷阱"，我们就需要更深入地了解其背后的社交本能。

猿猴与婴儿

谁能更好地使用工具，分清哪堆玩具更多，找出奖品——婴儿、成年黑猩猩还是成年红毛猩猩？

如果你猜的是婴儿，那你就错了。

在一项针对2岁婴儿、黑猩猩和红毛猩猩的跨物种研究中，婴儿和他们的灵长类"表亲"在上述与物理环境相关的测试中的得分实际上大致相同。然而，在有关交流和猜测他人想法的系列社交测试中，婴儿的表现要优秀两倍以上。研究人员得出结论：在处理物理世界的问题方面，我们人类不一定比其他灵长类动物更聪明，但黑猩猩和红毛猩猩表现出的观察性学习或社交取向能力远不及人类。

这些社交技能是如何进化而来的呢？人类学家认为，大约200万年前，我们的祖先还在狩猎、采集，他们通过合作性的氏族群居帮助彼此生存。这种居住方式有助于他们探索未知的环境、防御猎食者、获取赖以生存的食物和资源。这些早期人类还进化出一种时间感，其关于时间的交流方式也不同于我们的近亲黑猩猩。就我们所知，黑猩猩无法谈论去年夏天天气是多么酷热、下周是否会下雪。

我们智人一旦开始形成复杂的语言，就会带来飞跃性的变化。无须借助物品或语境，我们就可以解释："这种浆果是安全可食用的，这种工具剥兽皮最好用，水源在那边，生火的方法是这样的。"我们不但可以想象过去和未来，我们还能基于他人的行为猜测其想法。因此，随着我们的社交生活越来越紧密相连，我们的大脑也在发生此类变化。[1]

数千世代以来，支持我们社交和交流技能的那些神经网络不断生长，其大小已达到黑猩猩的 3 倍。除了进化出更为发达的"社会脑"，我们还相互传授知识，并把这些知识传递给后代。我们进化出对抽象符号的共同理解力；我们绘制出野牛和奔马的洞穴壁画；我们开始举行复杂细致的葬礼，合作解决日益复杂的问题。我们都渴望回答"生命的意义是什么""我为何在这里"等问题，由此形成了维系彼此的文化和宗教。最终，通过共同回答这些问题，人类成为地球上最有统治力的物种，婴儿在社交学习方面得到了"A+"。

---

[1] 事实上，我们有一个脑区（杏仁核腹侧）专门负责解码他人的决策等社会信息，这可能是帮助我们理解人类群体行为的一条线索。

人人都有模仿的欲望

如果你观看过小马或长颈鹿宝宝出生的视频，可能就会心生好奇：这些浑身还湿漉漉的新生宝宝很快就能挣扎着站起来。在母亲的舔舐和助推之下，小宝宝几乎立刻就会发挥这种本能，出生一个小时内就能站立起来。这些动物宝宝听从其 DNA 的命令，学会尽快站立和奔跑，才能避免被捕食者吃掉。

然而，我们人类远远做不到这一点。6 个月大时，大多数婴儿开始学习爬行，绝大多数婴儿要等到 1 岁左右才会开始学习走路。在所有动物物种中，我们人类保持着婴儿期最长的纪录，完全依赖身边成人照顾的时间比孕期还长。

婴儿聪明的大脑和窄小的臀部不相匹配，因而这一年笨拙的、完全依赖成人的延长期是必要的，其间我们学会双脚行走。由于女性的臀部构造不容许我们在子宫里待更长的时间，我们本质上都是"早产儿"。作为交换，我们发育出并保持着异常大的具有适应、学习和生存等独特能力的大脑。

自出生之刻起，无助的婴儿的所有感觉官能都在关注着他的照顾者，努力通过哭喊进行交流。数周之后，婴儿才会掌握抬头或自主活动手臂和嘴巴的能力，在此之前，如果感到饥饿、尿湿或疲倦，他只能通过哭号来告诉照顾者。但不管怎样，哭喊还是顶用的。如果照顾者有爱心，那婴儿和成人都会分泌宝贵的亲密激素——催产素，使成人渴望保护婴儿、给予婴儿安全感和舒适感。很快，婴儿开始识别照顾者的面部表情，然后开始模仿。成人微笑，婴儿也微笑，成人招手，婴儿也招手，每次交流都会加深亲密感。

这种模仿行为对作为社会动物的我们的行为起着极其重要的作用。事实上，在神经学上，我们会下意识地渴望模仿他人，甚至在毫无理由或意愿时我们也会这样做。原因何在？

答案也许就在于我们大脑有一组叫作"镜像神经元"的神经细胞，我们看见他人在做某事时，这组细胞就会启动。镜像神经元不但和模仿有关，还与理解和共情他人感受的能力有关。由此，我们的镜像神经系统可以让我们处理观察到的东西，同时让我们的身体准备好模仿他人的言行。在完全的无意识层面上，我们观察到某些动作，大脑就会自动触发，调动肌肉模仿我们所看见的动作，从而使我们通过观察他人快速学习。这种模仿冲动还有助于建立社交联系。毕竟，模仿是讨好他人的最真诚的形式。

安迪·梅尔佐夫（Andy Meltzoff）是我在华盛顿大学的一位同事，他观察婴儿如何通过模仿学习，对这一过程进行了探究。在这项实验中，70位14个月大的婴儿坐在母亲的大腿上，同时，梅尔佐夫和他的团队检测婴儿大脑的活动。每位婴儿面前都坐着一位实验人员，两人中间放着一个带有透明塑料圆顶的玩具。实验人员用手或脚触碰塑料圆顶，音乐声就会响起，里面还会跳动着彩色纸屑。

实验结果表明，当实验人员用脚触碰玩具时，婴儿大脑中枢与感觉和运动皮层相连的区域就会亮起。如果实验人员用左手或右手触碰玩具，婴儿大脑的左边或右边相应区域也会亮起。换言之，婴儿的手脚和实验人员的手脚是"相连"的，将这位成人的行为映射到自己的身体，为模仿做好准备。

梅尔佐夫解释说，"婴儿看着你，就看见了自己"。随着婴儿的生长，认知与运动控制之间的这种联系会日渐增强。因此，照顾者和婴儿关系密切，就可以建立起交互模仿的潜意识模式，不但有助于培养亲密的、充满爱的关系，还有助于积极地融入共有的文化。

这种本能性的模仿并不是我们后天获得的能力。它是我们本能的一部分，这种现象非常普遍，甚至拥有自己的名字："变色龙效应"（chameleon effect）。正如变色龙会根据环境的变化而改变自己的肤色，我们观察他人也会模仿他人的行为。正是通过模仿，我们学习跳舞、写字、抛球、使用刀叉、通过语言表达自己，以及做无数的其他事情。

就拿我的朋友珍妮来说吧。她是一名歌手，有着"音乐耳朵"，因而具有学会陌生声音的本领（她还会说几门语言）。几年前，她去爱尔兰戈尔韦度假一周，回来后说话就带有戈尔韦地方方言的味道，"爱尔兰"说成"奥尔兰"、"挣钱"说成"真钱"、"亚拉巴马"说成"奥拉巴马"，还吞掉了美国人经常弱读的单词末尾的辅音"t"（比如caught）。

"你的口音怎么变啦？"我问她。

她大笑起来，回答道："嗯哪，我也听出来了哦。"

一天之后，她就恢复了原有的美国口音。但事后说起这件事，她承认道："我注意到了自己有某种社会分裂。我去别的国家回来后，我不知道谁是真实的'我'。"

很可能你也经历过这种社会分裂，或者目睹过这种社会分裂。作为社交、友谊或发现自我的一部分，我们很容易消除这种分裂，但事实上，基于社会和物理环境的变化，我们的行为随时都在自动"变色"。

纽约大学1999年所做的一项实验确切地表明了这种"变色龙效应"是如何起作用的。研究人员邀请两位陌生人观看各种彩色照片并加以描述。（一位学生是假被试，另一位是研究对象。）参与者被告知这些照片将被用作心理测试，但该实验的真正目的是研究有多少研究对象会"映射"假被试的行为。

实验一开始，假被试分享自己对照片的解读，包括照片上那个人的情绪和可能的故事。例如，他会说："这张照片里的男子抱着一只吉娃娃。小狗的一条腿打着石膏，所以我想它肯定骨折了……男子看上去是个好人，因此，他可能为小狗感到难过，想帮助它。"

接着，研究对象描述别的照片。两人交替描述，直到一起描述完所有的12张照片。研究对象要参与两轮实验，每轮实验都有不同的假被试，而假被试会不时地晃脚或擦脸。

第一轮实验中，假被试尽量不和研究对象进行眼神接触，不对他们微笑；第二轮实验中，假被试和研究对象有眼神接触，对他们微笑。

进行这项实验的，是纽约大学研究人员塔妮娅·沙朗德（Tanya Chartrand）和约翰·巴奇（John Bargh），他们发现，不管假被试是否微笑，研究对象在1/3的时间里都会模仿晃脚和擦脸。他们得出的结论是：我们会无意识地模仿他人，即使没有任何显然的理由这样做。

对变色龙来说，变色伪装的意图是显而易见的：要躲避热带雨林里的那些凶猛的捕食者，小蜥蜴还能有别的办法吗？但人类的模仿行为更难以解释。沙朗德和巴奇提出假设：我们的模仿本能可能是出于适应意图，类似于变色龙的变色伪装能力。

在第二轮实验中，假被试模仿研究对象的行为，研究人员发现：那些动作被模仿的研究对象比那些动作未被模仿的研究对象觉得互动更顺畅、更舒服。从根本上讲，我们喜欢被人模仿。其他人模仿我们时，我们会感觉彼此有更强的共情联系。因此，模仿可以激活某种利于我们生存的"社交黏性"（social glue），吸引我们加入群体而不管出于何种有意识的意图。

只需观察一群聚在一起的青少年——看看他们如何举手投足、如何歪着脑袋、如何说话。他们就像是鱼群。同婴儿和成人一样，他们的行为也是反射性的：看见你微笑，我就会报以微笑。反射行为越多，我们之间的感情就越亲密、越想保护彼此——这是所有青少年都渴望得到的东西。事实上，这种本能是如此强大，以至于你接触某个彬彬有礼的人之后去见陌生人，就更可能对这个陌生人彬彬有礼。

不过，这种本能也存在一个很有意思的缺点：我们也会自动模仿他人的欲望。而这种习惯会让我们陷入麻烦。

抢购狂潮：你想要的，我也想要

假设你刚走进电影院。你慢慢走向零食柜台，闻到热奶油爆米花的香味，想到爆米花就开始流口水。你无意中看见一盒烤玉米片递过柜台，金黄色的玉米片冒出纸盒，上面的奶酪金黄发亮。

你心想：不怎么样。就在那一刻，你开始倾向于要一小份爆米花和一包扭扭糖。但接下来又有两个排队的顾客点了烤玉米片。你慢慢向前挪着脚步，脑子忍不住去想纸盒里装着的那些金黄发亮的烤玉米片。

等到你走到柜台前，你已经拿定主意。你说："我要一份烤玉米片和一包扭扭糖。"

你将信用卡递给店员，听见柜台另一端的收银员告诉一位顾客说"对不起，烤玉米片卖完了"，此时，你忍不住微笑起来。顷刻间，因为一小盒烤玉米片，你俨然就变成了一个厉害的获胜者。你为何会如此在乎那样微不足道的、刚才还毫不在意的东西？

法国历史学家、哲学家勒内·基拉尔（Rene Girard）大部分学术生涯都在研究人类的这种欲望的历史。他所称为的这种"模仿欲望"（mimetic desire）不是源于我们自身，而是源于我们对他人行为的解读。

模仿欲望是这样运行的：在我们的神经机制影响下，任何两个人都天然地渴望模仿对方。即使我们看见毫无意义的抽象符号，如果我们选择自认为更受欢迎的那个符号，我们的大脑也会给予奖赏。（难怪人们会抢购耐克之类的名牌，这种昂贵的球鞋由迈克尔·乔丹等体育明星代言。每次我们掏钱购买某个由我们看重的某人代言的品牌产品，我们的奖赏系统都会给予我们愉悦和满足感。穿上这种高端球鞋，我们感觉自己似乎也能跑得更快、跳得更高。）

基拉尔对此做了进一步的理论解释：只是看见别人渴望某种东西，**即使我们本来不想要**，也会诱使我们渴望同样的东西。这种情况下，我们的大脑会自动地重新聚焦于我们想象的、越来越真实的竞争者。

例如，假设有两个人——我们称之为"哈丽特"和"维克多"——在玩具店里为各自的孩子购买礼物。当哈丽特看见维克多盯着她想买的那只毛绒长颈鹿时，她变得不安起来，急忙抢先抓住这个玩具。但她的这个举动对维克多形成了竞争，于是他也做出了似乎真的想要这个玩具的行为。

在这种争抢时刻，毛绒长颈鹿具有吸引力这一错觉被确定为现实。不管维克多起初是否想要这个玩具，现在，他俩都想买它。因此，尽管我们渴望忠实于自我和他人，但最终都会去争抢最后一盒烤玉米片；同理，我们可能会陷入三角恋或追随可笑的时尚潮流。

模仿欲望会造成两个可能的结果：其中一个好，另一个不好。

好结果是，它可以提升群体成员之间的关系：一旦两人追求共同的目标而不是相互竞争（也就是说，他们追求的目标是可以共享的），他们的共同欲望就会延伸。某些情况下——最明显的就是宗教信仰——共享的欲望可以转变为共享的情感和安全感。我们唱着喜爱的圣曲，相互拥抱，释放催产素，培育爱和共情。我们"设身处地"，关注他人所感受到的情感和渴望。在最好的情况下，我们还会接受彼此的差异，获得多种角度的见解。

另一个结果则要灰暗得多。如果期望的目标无法共享，就会产生竞争、形成敌对，甚至引发暴力。这些欲望始于"摩西十诫"（例如，"不可贪恋"），在整个西方文明史上一直都是禁忌。这样的例子不胜枚举：两个婴儿争抢玩具，离婚的父母争夺子女或宠物狗的监护权，两个邻居为一块土地争吵，两个政党妖魔化对方，两个国家为争夺某种有限的资源而爆发战争。因此，当我们都想要的某个东西出现短缺，我们就会竞相争抢。这些冲突会营造稀缺的假象，从而加剧争抢冲动。此外，它使得某些美国人认为，他们的工作和职位也属于这种零和游戏，受到难民和移民迫在眉睫的威胁。

基拉尔考察了人类历史上这种争抢本能是如何仅仅因为看见别人表现出对某个东西的渴望就被触发的。因为社会本性的驱使，我们从出生到死亡不但会模仿他人、建立亲密的关系，还会同他们攀比。在此过程中，我们发现自己改变自我的驱动力，不是基于自己的信念或想法，而是基于我们在他人身上看见的东西。

那边的草可能更绿

1996年,我第一次踏进大学校门,从小水池跃入了大池塘。韦伯州立大学位于犹他州奥格登市,坐落在盐湖城北面的瓦萨奇山脉旁。成立于1889年的这所大学吸引了不同专业的2.4万名学生。只要拥有高中毕业证书或高中同等学历证书(GED),都可以进入韦伯州立大学,该校学生的四年毕业率平均为12%。当时,学生的学费平均约为6000美元,经过四处拼凑,加上家人和朋友的资助,我才能勉强支付学费。

我最开始是上夜校。为了谋生,我做过各种只拿最低工资的工作,睡眠时间很少。我高中成绩不是很好,但经过顽强努力,我最终进入了荣誉课程项目。我的心理学、历史学及英语教授们经常表扬我的写作水平。这让我感到意外,因为我从来没有觉得写作是我的强项。但我为此感到很高兴,大学毕业时,我真心认为自己文章写得相当不错。

接着,我被哈佛大学接收为研究生,这堪称是奇迹中的奇迹。当我应付这种环境的改变时,你可以想象,我脑海中不停地冒出"为什么是我"。在我们跨州搬家的过程中,我们这个小家几乎没有钱,住不起汽车旅馆,只得在我们的小型货车里住了几个晚上。我写了一张1.5美元的支票付了过路费才进入马萨诸塞州，而这张支票当然无法兑现。到达波士顿时，我们兜里就只剩几枚硬币。我们得知，在波士顿市内开车简直是一种危险运动。几天后，我们就遭遇了一场重大车祸，我们的汽车完全报废，我3岁的儿子股骨骨折。

欢迎来到波士顿！

在这个新世界，我们住在哈佛大学的学生宿舍里，没有钱，没有朋友，只有两个尖叫的孩子。我感到极度迷茫，时常感到被边缘化，神经焦躁不安。看着身边那些衣着光鲜的同学，望着神圣的校园里那些爬满常春藤的砖墙，我感觉自己患上了可怕的"冒名顶替综合征"（imposter syndrome）。我觉得自己是一个骗子。我在这个地方到底做什么呢？更糟糕的是，如果他们发现我不属于这里，那该怎么办？

"还好，"我告诉自己，"至少我写作不错。"

在学院一位最知名的教授所上的一门研究生课程上，他布置的第一个课程论文的主题是认知与符号化发展。我花了三周时间努力研究和写作。在截止之日，我得意地提交了论文，信心满满地认为自己写得很好，然后等着教授的评价。

拿到论文后，我发现自己竟然得了一个C+，我感到震惊和失望。在论文第一页的底部，教授直言不讳地写道："从这次的论文写作来看，我不确信你具备研究生的写作水平。"

我离开教室，含泪走回了家，我的自尊被彻底击碎。我感到羞愧难当，我错误地以为写作能拯救我，如今这一才华也被剥夺了。我认真地考虑过退学。但最终我找到了一位写作导师。这位女士是辅导本科生写作的，看上去只有15岁左右，她答应辅导我写作，经常伴我左右。那学期期末，这门课程的教授给了我A，我拯救了自己。

从这次经历中，我学到了一个看似简单的道理：要知道自己是谁，归根结底这是一个社会比较的问题。

"我的写作水平高吗？"这个问题的答案，取决于我是和谁比较。在韦伯州立大学，我是一个多产的作者，我将单词和段落组合在一起，就可写出教授们认为还不错的文章；在哈佛大学，我写得相当平庸。同样，和中学生相比，我篮球肯定打得不错，但我显然不能和勒布朗·詹姆斯这样的篮球巨星相提并论。10多岁时，我是一个相当不错的撑竿跳者，但和我父亲（大学运动会撑竿跳冠军）相比，我只能说自己跳得尚可。你可能认为自己在各个方面都是世界上"最完美的人"，因为你的妈妈这样说过，但这并不是对你在真实世界里的位置的恰当评价。

那我们如何清楚自己的位置呢？

20世纪40年代末，一位名叫利昂·费斯廷格（Leon Festinger）的年轻心理学家对我们如何与他人比较进行了研究，开启了自己的学术生涯。他认为，我们每个人都渴望弄清楚自己的观点是否正确、我们的能力比他人胜在何处。

他得出的结论是：我们天生会寻求客观的标准来衡量自己的观点和能力，但如果缺乏这些衡量标准，我们就会凭借次好的东西——我们会使用从周围环境中收集到的任何信息。因此，我们会本能地基于自身角度、自我感受和自我认知来评判一切。这些自我评判反过来又会指导我们的行为和我们对世界的理解。

你可能会想到你曾经有意识地拿自己和他人比较，我上学时就是如此。但随着我们本能地实时吸收和解读社会信息，这种判断也发生在神经学层面。我们的大脑对奖赏的处理方式，实际上是取决于我们在和他人比较时如何看待自己。

同样，在某种程度上，我们对未来情况以及我们所受期望的心理预测也源自我们潜意识里拿自己同他人比较。不管我们是否喜欢，看见某人的表现比我们好或差，就会刺激我们自发地进行比较。虽然这个过程完全是无意识的，但它会对我们的思维和行为选择方式带来直接的影响。

2010年进行的一项实验就证明了这种情况。被试者认为自己在帮助进行一项观影体验研究，他们被告知，观看影片前可以随意吃零食。研究人员发现，被试者所取零食的数量和种类同他们所处的社交环境密切相关。当被试者看见另一个人（假被试）拿取了大量的零食，他们也会拿取更多的零食。同样，如果假被试拿取的零食较少，被试者也会如此。

更有意思的是：被试者和假被试在各自的房间里吃零食，但被试者总会吃完所拿的零食，即使他们所拿的零食是他们独自可能会拿的数量的两倍。换言之，他们不只是因为对方拿取更多零食而拿取更多的零食；受对方食欲的影响，他们对零食的食欲也发生了变化。

这种比较本能使我们对奖惩信号变得特别敏感，因此，它可能会让我们陷入"黑暗之地"。当我们感觉自己做得较好，我们大脑的奖赏区域就会亮起，多巴胺和催产素就会涌向大脑。例如，脸书和其他社交媒体的"点赞"功能就具有某种奖赏的作用，正因为如此，很多人才会痴迷地期望和追求更多的点赞。在某种程度上，我们每个人都是多巴胺成瘾者。

相反，如果我们感觉自己做得较差，我们的大脑也会释放这些类鸦片化学物质，保护我们免于身体疼痛。如果不加注意，这就是其黑暗面会产生的地方。为了自我感觉更好，我们会挖苦甚至伤害他人。此外，感觉自我形象受到攻击，我们就更容易认为自己高于某个不如我们的人，这不但会触发我们的优越感，还会触发奖赏神经系统，给予我们赢钱或赢得比赛时的那种兴奋感。

为了获得优越感，很多人甚至会牺牲他们所在意的东西。1995年2

月，研究人员邀请哈佛大学公共卫生学院的 257 名师生回答一系列假设性问题：这两个地方中，他们愿意生活在哪个地方？其中一个问题是：

  A 州：你当前的年收入为 5 万美元；其他人挣 2.5 万美元。
  B 州：你当前的年收入为 10 万美元；其他人挣 20 万美元。
  物价为当前物价，而且 A 州和 B 州的物价（金钱的购买力）相同。
  你会选择哪个州？

如果你的答案是 A 州，那你就属于 56% 的多数人。这种选择让你挣得比其他人多，尽管你在 B 州会挣得更多。因此，对大多数人来说，优越感比金钱更加重要。

这个例子体现了我们进行社会比较这一生物习性的真正悲剧性。它会滋养我们最邪恶的自私冲动，为了自我感觉良好，我们甚至会做伤害他人的事情。从小在美国南方长大的林登·约翰逊（Lyndon Johnson）总统非常清楚这一习性的邪恶潜力以及如何去运用它，尤其是用于种族主义。他当时年轻的新闻秘书比尔·莫耶斯回忆起 1963 年的情况：

  我们当时在田纳西州。车队行进途中，约翰逊看见招牌上潦草地写着一些丑陋的种族主义绰号。当天晚上在酒店里，当地的达官贵人们喝完最后一杯波旁威士忌离开后，他开始谈论那些招牌文字。他说："我来告诉你其中的原因。如果你让底层的白人相信他比最出色的有色人优秀，他就不会注意到你在掏他的腰包。给他一个看不起的人，他就会对你倾囊相助。"

但奇怪之处在于：我们不只是和个体比较，我们还和抽象的群体比较。这种怪癖让我们直接掉入群体错觉的深渊。

还记得序言中提到的那项食物偏好研究吗？那些参与者为了更接近群体的食物偏好而改变了自己的食物偏好。

在 2015 年于斯坦福大学进行的这项试验中，研究人员指出：由于赞同他人时会触发我们大脑的生物满足感，因此，我们会改变自己的个人观点。事实上，与同行保持一致（哪怕只是想象他们全都赞同我们）所带来的神经奖赏具有非常强大的力量，甚至可以凌驾于我们的自私自利之上。因此，在感恩节聚会上，如果有人拿取了大份的萝卜泥，你也会这样做，即使你知道自己难以下咽。为了获得社交和谐的神经回报，每个人都可能会选择忍受萝卜泥的苦味。

当然，我们为了与群体保持一致而改变自己的观点和行为（阿希和伯恩斯所观察到的那种趋向），可能还有诸多其他的原因。也许我们是想看看我们对现实的解读是否正确。也许是我们想寻求社会认同——我们的祖先明白，作为群体中的个体，要想生存就需要这种认同。也许我们改变自己的行为是为了保持自尊。

然而，最重要的原因，是它可以满足我们对归属感的根本需求。当我们和群体比较并发现自己和群体是一致的，我们就会获得奖赏反应；当我们和群体不合拍的时候，这个误差信号就告诉我们出错了，于是我们就会尽力纠错。

我们所在群体的社交影响力非常强大，甚至会超越常识和经验事实。例如，如果你住在疟疾流行的地区，那使用蚊帐是很有道理的。睡觉用蚊帐是广为人知、有证据支撑的预防疟疾流行的策略。然而，即使是在大多数家庭可以免费获得蚊帐的地区，也并非每个人都会选择保护自己。

在一项针对乌干达 8 个村庄的研究中，研究人员发现，使用蚊帐的意愿同群体一致性紧密相关。认为大多数人睡觉都用蚊帐的被试者，其使用蚊帐的概率几乎是那些认为大多数人睡觉不用蚊帐的被试者的 3 倍。另外，23% 的被试者错误地认为，他们所在社区的大多数成年人晚上睡觉都不使用蚊帐。在这项研究中，有 1/3 的被试者曲解或不确信自己所在社区的蚊帐使用行为。

然而，想想序言中提到的"托马斯定理"，不使用蚊帐带来的后果是真实的；使用蚊帐，疟疾感染病例减少近 70%。因此，像这样的群体错觉一旦形成，错误的看法就会歪曲个体的判断力，人们就会患病和死亡。

这里还有重要的一点容易被人忽略。这就是使群体错觉成为可能的核心洞察力。我们拿自己同群体比较时，我们根本无法确定大多数其他人的真实想法或看法。但我们对这些想法（不管有多错误）的预设观念会很快变为现实。

从上一章提及的那项有关面部吸引力的研究中，我们得知：即使是假想的数字上的多数，我们仍然想成为这种错觉的一部分。我们还得知，我们的个人身份和我们的社会身份是紧密交织的，连我们的大脑都无法真正地加以区分。事实上，这些偏好不只是此刻会驱动我们的从众性，它们还会让过去的群体幽灵爬出坟墓，造成我们几乎从未留意过的巨大影响。

第 5 章
追随幽灵

我认为，我们每个人都被幽灵缠身……
它不只是我们得自父母、出没于我们身上的那些东西，
还有各种各样已经死亡的观点、毫无生命的老旧观念等等。
它们毫无活力，但仍然缠着我们，让我们无法挣脱。

——亨利克·易卜生（Henrik Ibsen）

礼仪是身份的彰显

  1986年6月的一个傍晚，天气暖和，我学会了用叉子吃豌豆。掌握这项进食技能，对我而言毫无意义——毕竟，碰到豆类食物，用勺子吃似乎更恰当。但我被要求学会，于是我就学了。

  那天晚上，我们30个六年级的农场孩子成群结队走进教堂的体育馆，举行名叫"餐桌礼仪"的年度成人仪式。我们穿着令人难受的礼服，要学习在长辈面前吞咽食物的礼貌方式，不管我们是否喜欢这种食物。

  体育馆被临时改成了高级餐厅：六张折叠圆桌铺着白色桌布，桌子中央摆放着鲜花，桌子上摆放有两种玻璃杯（喝水、喝"葡萄酒"或葡萄汁）、白色棉餐巾——全套进餐用品。落座后，望着面前各种大小的盘子、数不清的银餐具，从用来吃开胃菜的小叉子到大汤勺和小甜品勺子，更不用说还有各种用于抹黄油、切食物以及将豌豆推到叉背上的刀子，我们这些"捣蛋鬼"感到有些惘然。

  在就餐区的中央，就在篮球筐的正下方，坐着一位我称之为"琼斯夫人"的女士，当晚她是我们的导师。等候我们安静下来的时候，穿着鲜艳的碎花连衣裙的她僵直地端坐在凳子上，眼睛盯着球场餐桌旁说说笑笑的我们。

那些既是服务员又是礼仪"警察"的女士举止优雅、目光敏锐,她们端上了第一道菜:小碗番茄汤和抹有小块黄油的小圆面包。我根本坐不住,更不用说忍住不吃,因此,小圆面包刚放到面前,我就伸手去拿。突然,我的手背被轻轻地拍打了一下。"每个人都拿到菜品后,我们才能开始吃!"我身后的女士温和地责备道,手里挥舞着一个像是戒尺的东西。其他孩子都盯着我看,我红着脸坐回了椅子。

"好了,"琼斯夫人宣布说,"用你们的右手,拿起右侧最大的那把勺子,要像握着铅笔那样。"我们照做了。"舀取一勺番茄汤,从勺子的内侧向外侧舀取,就像这样。"她用一把精致的勺子演示了一下,"不要舀得太满,否则会溢出来。将勺子近方的边缘靠近你的嘴唇。不要吸溜!"

喝汤顺利结束,然后端上来的是粉色小盘子,里面装着绿色沙拉。这次被打手的,是坐在我对面的那个女孩。"不要戳食物!"服务员告诫道,"每次只取一小口。第一口咽下后,再取下一口放入嘴里!"

当我拿起离我最近的玻璃杯喝葡萄汁时,我才知道我犯了错:我右手边的那个杯子(不是左手边那个)其实才是我的杯子。由于我是左撇子,我喝的是邻座孩子的葡萄汁。我是"坏小孩"。

等到主菜——鸡肉、土豆泥和豌豆——开始上菜时,我们都被训诫要彬彬有礼。我们要闭着嘴巴咀嚼食物,我们的手肘要规矩地远离桌面。我笔直地坐在椅子上,期望地看着篮球筐。简直是浪费时间,我心想。

我的餐盘终于端来了。"每次只切食一口鸡肉。"琼斯夫人训示道,"吃豌豆时,左手握叉,右手握刀,然后用刀将豌豆推到叉背上。"这显然有问题,我努力了好一会儿才学会了如何将豌豆推到叉子里。我用土豆泥粘着豌豆吃,效果更好。我简直是天才。

当晚教堂体育馆里发生的一切都有答案:用完餐后餐巾放在哪里、

银餐具如何摆放、没用餐时双手应该放在哪里。不过，我从未想过问这个问题：一个生活在20世纪的美国乡村孩子要学习这些愚蠢的技能，到底是为什么？进餐礼仪又不是我们宗教的一部分，它甚至不是美国文化的一部分。那何苦这么麻烦呢？

很早以前，我们人类还没有使用餐具，是用双手吃东西的。同样，现在全世界有很多彬彬有礼的人依然这样做。但后来，我们有些人开始用刀切食物、用勺子喝汤。10世纪时，中东地区的社会精英就广泛使用叉子进食，但直到16世纪叉子才进入欧洲。[1]1533年，意大利美第奇家族的凯瑟琳嫁给了法国国王亨利二世，相当于为叉子做了一场广告宣传活动。16世纪60年代，她在巡游法国期间举行了一系列大型公共喜庆活动（食物免费！），其中就有她用刀叉和勺子进食的壮观场面。她甚至还亲自制定了餐桌礼仪规矩，强迫她的敌对者同桌进食，并要求他们遵守这些规矩。

凯瑟琳的精致的叉子招致法国廷臣们的蔑视，但她的宣传噱头引发了独特的进食习惯以及球蓟、冰激凌等新颖食物在整个欧洲的传播热潮。到了1633年，英国查理一世宣称："用叉子吃饭很得体。"西方完全迷恋上了使用餐具吃饭；很快，用手吃饭就从社会上层人士的餐桌上消失了。

自此以后，餐桌礼仪就将"特殊阶层"和"地痞无赖"区分开来。

---

[1] 古埃及、古希腊和古罗马，人们都使用各种叉子，但不是用于进食，而是用于叉取和切割东西。第一个用叉子进餐的，是7世纪中东和拜占庭帝国的贵族们。1004年，拜占庭皇帝瓦西里二世的希腊侄女将一套金叉子带到威尼斯用于自己的婚礼，受到公众嘲笑。两年后，她死于瘟疫，圣彼得·达米安将她的去世归咎于她的贵族作风和她坚持用来进食的"有两个叉齿的金色用具"。

那些受人尊敬、坐在"上席"的人先拿到盐，而那些不太重要的客人、随从和下属则坐在"下席"。查理国王时代的这些进餐习惯虽然不断演变，但最初那些得体的宫廷习惯（或文明人的举止）就像粘在鞋子上的口香糖一样牢固。

今天的就餐礼仪，其特征是有一整套规矩，我们往往条件反射式地遵守，以为这些规矩有着这样或那样的目的。然而，就餐礼仪与个人卫生、更好地控制食物和提升食物味道毫无相关。我们制定并坚持遵守这些规矩的真正原因，是表明我们属于社会阶层的上层。

正如美国艾米丽·波斯特礼仪学院网站所说："与他人共同进餐是失礼和出丑的真正雷区，因此，如果你打算和同事、上司或客户一起吃饭，那你最好通晓餐桌礼仪。商务晚宴和工作午餐是做出许多重大决策的地方，而社交宴请是为了建立关系。"换言之，你不希望被人视为"地痞无赖"。虽然宫廷餐桌礼仪曾经是贵族身份的代表，但今天"正确"用餐的能力依然是威望和地位标志的核心部分。

那用叉子吃豌豆又如何呢？今天的英国人仍然普遍将豌豆压到叉背上，而不是用勺子舀取或用叉齿铲取。不过，怎样吃豌豆决定美国商务宴会成败的可能性是极低的。如今，你更可能面对比豌豆更难控制的日本寿司、西班牙杂烩饭或墨西哥手卷饼。然而，我（年幼的托德·罗斯）还在犹他州的霍珀镇努力学习吃淘气的豌豆，仿佛英国女王本人会来访一样。

归属感：每个人都在群体之中

用叉背吃豌豆的"规矩"，其背后的真相隐藏在一个关于玻璃鱼缸里的鱼儿的古老笑话中。一天，两条小鱼在鱼缸里四处游动，这时，一条大鱼游过来说："早上好，孩子们，水怎么样？"大鱼游走后，一条小鱼转向另一条小鱼问："水到底是什么？"

提到社会影响力，我们通常会想到那些最显著的形式。我们会想到公开的压制（比如同行压力）或粗鲁的操纵（比如电视广告）。我们不会想到社会规范——决定我们在他人面前如何举止的、获得群体共识的那些不成文规定——因为人们觉得这些规范是自然的、预先确定的，就像我们呼吸的空气一样。我们几乎从未质疑过这些规范。但我们确实应该质疑，因为社会规范是群体错觉的主要来源。

如我们所见，所有人在内心深处和生物学上都渴望模仿他人、归属群体、成为多数人的一部分。这些力量使我们高度依赖规范来作为社会指导。从出生之日起，我们的大脑灰质就将我们同家人、朋友和集体融合在一起，而更为神秘的社会规范这种"暗物质"通过无形但不可抗拒的、风暴云般的力量，将我们同哪怕不认识的人群连接在一起。

社会规范弥漫于我们生活的各个方面，包括我们的着装方式、饮食和进餐方式。它们规定着我们的自我表达方式、同他人的交流方式，甚至是我们的庆祝方式和哀悼方式。事实上，一旦你觉察到社会规范，你就会感觉自己仿佛吞服了《黑客帝国》中的红色药丸：看不见这些规范是不可能的，它们无处不在。

例如，碰见某人，我们自然会说"你好"，并且通常会询问他近况如何，即使我们并非真正想听到诚实的回答。我们会说"请"和"谢谢"，和人说话时会进行眼神交流。在饭店，我们会给服务员小费，如果打嗝会说"抱歉"，不会挖鼻孔（至少不会当众这样做）。我们不会满嘴食物地说话，上完洗手间会洗手，参加派对时会故意迟到一会儿。如果要参加葬礼，我们知道要穿黑色衣服。如果你是参加婚礼的女士，除非你是新娘，就绝对不要穿白色衣服。如果你真的想触怒其他人，那走进拥挤的电梯后面对他们。或者，走进空荡荡的电影院后坐到一位陌生人的旁边。或者，如果你是男人，另一个男人小便时你就站在他旁边。

社会规范的起源含糊不清，但我们往往将社会规范当作无可置疑的真理。然而，事实上，很多社会规范几乎都是武断任意的，仅仅因为以前某个权势人物宣布"这样做"而产生。

还有一些例子，比如韩国人不使用红墨水，因为以前人们将户口簿上已故家人的名字写成红色。巴西亚诺玛米部落人确信，他们死后，灵魂会通过一种特别的仪式升入灵界：部落人用死者的骨灰和车前草做成一种汤，然后在庆祝和强化他们与亲人和死者之间联系的仪式上集体喝这种汤。在意大利，如果有人要举杯敬酒，那你就只能用葡萄酒同他干杯，用其他任何东西都会被视为粗俗和厄运；如果以水代酒，你可能就会被要求离开聚会或饭店。

尽管存在文化差异，但社会规范可以归为三大类。"调和性"规范存在的目的，是帮助我们调整个体行为，使其有益于每一个人。这些规范一般与身体行为，特别是公共安全有关，比如交通规则。我喜欢古巴的很多东西，但我发现夜间开车是一件生死攸关的事情。2018年圣诞节期间，我发现古巴乡村道路上的交通规则更像是"建议"，被普遍藐视。直到你在交通法规并未真正实施的地方开过车，你才会感激"靠道路一侧行驶"这样的调和性规范所带来的安全感和安心。

另一类社会规范与归属感有关，它们无一例外地表明你属于某个群体的身份。这些所谓的"忠诚性"规范可以涉及各种事情的规则，包括职场着装（不管是佛教僧侣的僧袍，还是白领大军的职业装）、你的说话方式（和朋友喝酒聊天时说的粗俗俚语、上班时说的正式英语）、你为自己喜欢的球队的庆祝方式（加油！红袜队！）。"忠诚性"规范关乎的都是身份的表露，它们用来将"我们"和"他们"区别开。它们也解释了我为什么必须学会用叉背吃豌豆；我不能显示真实的自己——农场小孩，而要表明我是受过良好教育的、彬彬有礼的阶层成员。

不过，说到形成群体错觉的真正重要的社会规范，还是我称为"我不是浑蛋"规则的那一类规范。这些规范具有双重的作用。它们表明一个人拥有公正、互惠等亲社会的价值观；通过最大化减少个体的自私行为，它们也可以提升群体的福祉。由于其核心是确定群体成员的道德立场，因此，违反这类规范就会招致反感。

英国及其前殖民地的排队习惯就是一个很好的例子。队伍中的第一个人站好位置，其他人都会礼貌而有秩序地排在他后面。围拢和加塞是不可接受的，因为这被视为不公平行为。英国社会历史学家指出，排队这一规范始于19世纪初,当时,人们开始从乡村涌入城市,他们购物的地方是小商店而不是拥挤的大集市。在城市商店里排队购物,要比在农村集市里围堆、叫喊引起摊主的注意更有实际意义。城市商店更为正式的室内环境也鼓励人们保持更平静的行为。后来,在第二次世界大战期间,排队就和服兵役与轮岗建立了联系。

违反这种"我不是浑蛋"规则,通常会激起见证者的愤怒和反感,因为这种违反行为实际上给其他每个人都会造成负担。

2018年的"黑色星期五"购物潮,就在沃尔玛开门营业之前,我的姐姐米西因为被人加塞而变得非常愤怒,我至今想起来还觉得有些好笑。在感恩节,各大商场的玩具、游戏软件、电视等抢手商品都有打折促销活动,因此,离感恩节零时还有几个小时,米西就裹上最保暖的大衣,懒洋洋地坐在商场外面的折叠椅上,怀里抱着咖啡壶,脑子里回顾着她已经计划数周的抢购策略。

米西是一个非常执着的人。她在那个停车场排队,是因为她要抢购一台平常售价为3000美元的75英寸高端平板电视。沃尔玛的打折促销价为1300美元,数量有限。她全身心地投入这次抢购大战,为了最快地直接冲到电视售卖区域,她对铺在偌大的商场地面上的每一块12英寸地垫都一一做好了划界。她要牢牢抓住那台LED大电视,绝不放手,直到把它挂在自己家客厅的墙上。

"我不知道那样的电视有多少台,不过我排在第九个,因此,我觉得自己机会很大。"她事后告诉我说,"但就在商场开门前约一个小时的时候,那个家伙走到我面前,和他朋友一起插队。现在,我成了第11个。我怒不可遏!我问你,那种人怎么能这样?简直令人厌恶!"

毫无疑问,对于这种违反排队规范的行为,每个排队的人都会感到愤怒。"我们都冲他叫喊起来,问他究竟要干什么,"米西说,"我们叫他不要插队,否则,我们就把他拖出去。一度差点儿爆发肢体冲突,不过他最终放弃，离开了。"[1]

现在，假设你自己亲眼看见某人在做你觉得"令人厌恶"的事情（就像米西描述的那个插队者的行为），然后从神经学角度想想这种行为。例如，看见有人在人行道旁小便，你感觉如何？

事实上，无论我们感到生理性恶心，还是看见某人在前面插队，我们的大脑做出的反应完全是一样的。厌恶是一种自然的本能反应，它是大脑在告诉我们要保护自己免受伤害。这种厌恶感并非偶然产生。我们的大脑有一个专门的区域——脑岛——帮助我们追踪规范，它一旦探查到规范被违反，我们就会将这种感觉标记为"厌恶"。如果我把你放进功能性磁共振成像仪，然后给你看一段有人插队的视频，你的脑岛很可能就会亮起。这意味着，如果你的行为像浑蛋，其他人对你的看法就如同他们看到生蛆的腐肉所产生的想法一般。

由于社会规范可以润滑人际交往齿轮、提升合作性，因此，有了这些规范，群体从中受益也就不足为怪了。然而，身处群体之中时，我们不只是关心社会规范。事实上，我们的大脑还会渴求社会规范，甚至到了凭空虚构社会规范的程度。

---

[1] 没错，她抢到了她想要的电视机！

我们的大脑喜欢秩序

假设你是1927年的一名哥伦比亚大学本科生，你同意参与一项心理学研究。你到达实验室后，一位研究生向你简要描述了这项有关感知的实验。他领着你进入一个漆黑的房间，帮助你在桌旁坐下，桌子上有一个按钮。他告诉你说：你将看见一个移动的光点，而你的工作是猜测这个光点的移动距离。然后，他离开了，把你一个人留在房间里。

很快，你听见对讲机里传来他的声音："准备。"接着，一个小光点出现在你的面前，它停在近处……还是远处？房间太黑，你根本无法判断。光点似乎猛地移向一边，然后就消失了。

这个光点的移动距离有多远呢？真的不可能判断。月亮升起在地平线，我们看着它很大，月亮升到上空，它看上去变小了，但我们知道月亮的大小其实没有任何变化。月亮显得较大，只不过是因为地平线上存在树木或建筑物。缺乏任何判断标准，我们如何理解自己看见的东西呢？

在这项实验中，看似移动的光点其实是静止的。我们对光点移动的生理感知有一个奇特的名字：游动效应（autokinetic effect）。我们可能感觉自己的眼睛"固定"在那个光点上，但我们的眼球其实是无法保持完全静止的。当我们盯着某个静止的物体时，控制视网膜的肌肉会不自主地轻微移动，然后为了矫正又会反向移动。因此，黑暗中的固定光点会强化这种通常无法察觉的"拔河"比赛。

这种视错觉最先由19世纪的天文学家认识到，他们将固定的恒星和行星误认为是移动的物体。20世纪40年代，它让第二次世界大战中的飞行员感到困惑，他们认为自己看见了彩色的光点划过身旁的夜空，其速度和飞机速度一样。后来，**这些所谓的"火焰战斗机"（不要同20世纪90年代的西雅图摇滚乐队相混淆）**被确认为是"游动效应"的例子，他们的故事因为谣言、臆测以及其他与飞行和疲劳相关的眼效应而被夸大其词。

20世纪30年代，一位名叫穆扎弗·谢里夫（Muzafer Sherif）的土耳其博士生选择了"游动效应"作为他在哥伦比亚大学的实验研究重点。谢里夫提出的问题是："如果所有的外在参照系都缺失，我们会怎样做？"他发现，这个问题的答案取决于我们是独自一人还是作为群体的一员。经过反复地暴露于"游动效应"，个体的反应趋向于某个数值范围，这个数值范围就成为个人的标准。如果有必要，我们的大脑会匆忙拼凑我们较为稳定的规范，从不合理中找出合理性来。

但如果有他人在场，每个人都大声说出自己的答案（"光点向左移动了6英寸[1]！"），我们就会对"游动效应"做出大相径庭的反应。在这种群体场景中，我们趋向的，往往不是自己的个人标准，而是大多数人的观点。谢里夫发现，即使大多数人的反应是不现实的、不合理的，即使该实验的参与者相互之间以前没有任何关系，结果依然如此。

1　约合15.24厘米。——编者注

这些群体标准具有持久的影响力：即使个体后来被从群体中分开、可以自由地做出自己的决定，他们依然继续基于自己所在群体的共有规范（并不存在）来解释自己看见的结果。有意思的是，谢里夫发现，许多受到多数人观点影响的参与者断然否认自己改变了观点。谢里夫这项实验的参与者做出决定时很活跃，这意味着他们不是机械地从众。但与此同时，他们的选择也并非完全"自由"，因为他们受到了规范的极大影响。

随着我们的大脑在混乱的"暗室"世界里抓紧秩序，我们会寻求新的参照系。因此，社会规范起着悬挂我们生命的肌肉、皮肤和衣服的"骨架"作用。但这又引出这样一个问题：我们为什么会如此依赖社会规范？

答案很简单：我们的大脑具有惰性。

——◆◆◆——

在神经学层面，我们对规范的依赖同这样的事实有关：我们的大脑是能耗大户。神经学研究表明，我们95%的认知活动都是无意识的，我们头颅中这些嗡嗡运转的"硬盘"——加起来约有你的拳头大小——会消耗我们20%的身体能量。完成学习外语、弹奏乐器等艰难的认知任务，其每小时消耗的能量要比看电视多100卡路里左右（可惜的是，还不足以代替健身）。但你大脑的大多数活动都是为了保持你身体功能正常。

我们的大脑需要如此多的能量，因此，规范起着至关重要的作用。如同负重的牲口，规范有助于承载我们大部分的认知负荷，这样我们才能使用大脑的执行和决策区域去完成更紧迫的事情。规范为我们提供了基本的可预测性，它们如同可以信赖的自动驾驶仪，让我们从额外的工作中解放出来，否则，这些工作就会造成我们的神经"硬盘"过热。

我们的大脑非常渴求规范的可预测性，只要有机会，我们就会抓住它。正如谢里夫所发现的，为了规范，我们甚至会牺牲真实感。我们更喜欢依赖群体的共同标准（比如，靠道路一侧行驶、礼貌地排队）而不喜欢自己设计标准，原因很简单：这样做更容易。教堂的那些女士教我如何得体地吃豌豆，就省去了我自己费力地搞清楚如何举止得体的麻烦。她们的规范为教堂体育馆里的我和其他孩子提供了"道路规则"，使我们的大脑得到解放从而可以去做其他的任务——对我来说，这意味着确定最佳的逃离餐桌礼仪的路线。

正如看见其他人违反社会规范会触发吃掉苹果里半条虫子那样的感受，我们也会厌恶自己违反规范。事实上，由于神经示错信号会告诉我们出错了，我们对违反某些规范的内在反应，其感觉同电击一样真实和痛苦。我们越反抗群体规范，这个示错信号就越强烈，即使没有任何明显的对错答案。

例如，第一次去中国香港的时候，我无意中违反了排队规范。我和我的儿子在等地铁，我同波士顿人或纽约人一样走到月台边缘，靠近地铁的站台门。然而，我没有注意到，其他每个人都礼貌地靠后或靠边等地铁。我的儿子观察到周围人脸上的不友好表情，悄悄地对我说："老爸，到那边去。"然后他领着我去排队。违反了这个心照不宣的合作规范，我感到非常尴尬。这是一个经典的"丑陋的美国人"的游客行为。意识到自己的错误后，我拼命忍住逃跑和躲避的冲动，我感觉血涌向我的面颊，胸口透不过气来。大脑的示错区域——前扣带回（ACC）让我的注意力发生了短路。

但有一点很有意思。我的儿子指出我违反了社会规范之前，我并没有接收到这个示错信号（"丢脸"！）。毕竟，我的行为没有任何参照系。我此前从未去过香港，出行之前，我的大部分时间都是在计划我和儿子要去什么地方、要吃什么，没有了解香港的文化规范。关于乘坐地铁的礼仪，旅行手册没有任何提及。因此，我只能凭借经验，按照波士顿人的做法行事。但我的儿子指出这个规范的那一刻，真实的生理反应告诉我：我犯了一个错误。

还有一次，我在访问上海的时候，邀请导游去她选择的一家昂贵饭店吃午餐。在去饭店的途中，导游告诉我说，他们的习俗不同于美国，在上海，不需要额外给服务员小费。这让我感到很意外。事实上，我简直难以置信，特别是我也曾经做过服务员。我半信半疑：我的导游是不是希望我把所有的小费都给她而不分给服务员？

整个用餐期间，我都在寻找线索来证实她说的是否确实。但这很难判断，因为中国顾客似乎不用现金支付任何东西。那位服务员不会说英语，我不会说普通话，我的手机又无法连接互联网，因此，除了导游，我无人可信赖。

我在想办法解决这个小费难题的时候，我感觉我大脑的示错信号在嗡嗡作响：我左右为难，感到非常难受、后悔又渴望纠正错误。虽然我是一个外国人，可以借口自己不知道当地的习俗，但我仍然担心自己会无意中冒犯服务员。

最终，我想出了一个解决小费问题的变通办法。我们的餐桌靠近一个大窗户，因此，用完餐后，我悄悄地把一些现金放在窗台上，没有放在餐桌上。我说服自己这是一个万无一失的计划：如果给小费真的不是这里的社会规范，那好吧，这些现金又没放在餐桌上，服务员会认为我是不小心留在那里的；如果是要给小费，那我顶多看上去是个不知道应该把小费放在哪里的怪人。

事实上，这次经历让我感到很不舒服，当天晚上，我决定就在宾馆吃晚餐，不想再次体验那种示错反应带来的难受感觉。这件事告诉我：对于遵守或违反规范的生理反应，我们往往将其解读为我们的认知反映了现实的证据。我的导游说什么不重要，不给小费在我感觉来说是错误的。我还明白：规范确实常常代表着多数人的看法。换言之，社会规范遵循着支配所有社交影响力的"托马斯定理"。我们的想法可能与客观真实毫无关系，但其引发的后果会让它们变得真实。

社会规范也是如此，哪怕是最荒唐的社会规范。

"老实人"谬误

想象你自己是16世纪的一个富有的、穿着花边领饰的西班牙贵族。一天晚上，你坐在自己城堡的大饭厅里，炉火熊熊燃烧着。桌上摆放着奢侈的晚餐：配有香梅酱的烤野猪、各种根茎类蔬菜、鲜烤面包、一瓶深宝石红色的葡萄酒。你面前锃亮的铅锡合金餐盘里还盛放着一种奇怪的、散发着香味的陌生果实，这是刚征服了阿兹特克人的探险家赫尔南·科尔特斯送给你的礼物。你切开多汁的红色果肉，迫不及待地吃了一口。

"嗯，真美味！"你说道。然后，你心情愉快、狼吞虎咽地吃起晚餐，直到肚子吃撑，不得不推开餐盘。

但很快你觉得嘴里有一股奇怪的金属味。当天晚上的晚些时候，你感觉腹部疼痛难忍，头痛欲裂，手指和脚趾开始刺痛。你挣扎起床，呕吐了一地。第二天早上，你陷入昏迷。再一天后，你去世了。

罪魁祸首显然是这种奇怪的陌生果实。

科尔特斯将首批西红柿从阿兹特克人的土地上带回欧洲不久，贵族们就注意到这种果实具有毒性,认定它不能食用。因此,数百年来,西红柿都被认为是有毒果实。然而,真正的罪魁祸首其实是贵族们盛放食物用的精美的铅锡合金餐具,这些餐具的铅含量很高。当西红柿的果酸接触到餐盘,这种食物就具有了毒性,于是,食客们就死于我们现在所知的铅中毒这种神秘疾病。数百年来,欧洲贵族们都不敢吃西红柿,却从未质疑过为什么。

他们为什么要质疑呢?毕竟,检验这种假设是愚蠢的行为。因此,那些相信西红柿会致命的人不顾其事实基础,直接盲从人们所传递的社会规范。[1] 普通大众使用木制餐盘吃饭,然而,他们都希望效仿富人,而且上流社会使用的那些精美餐具也没有明显的问题,因此,他们也断定西红柿肯定有毒。(令人欣喜的转折点出现于1800年左右,大胆的意大利工人阶级不顾西红柿"有毒",铤而走险,开始用西红柿酱制作一种叫作"比萨"的穷人食品。)

人们会不遗余力地证明规范的正当性——尤其是那些表明忠诚或道德观的规范。读到这里,你可能会说:"好吧,那又怎样?有些人不吃西红柿,这有什么害处吗?当然,我也为那几代人感到遗憾,他们错过了摘下红艳艳的西红柿再加点儿橄榄油、盐和罗勒叶所带来的快乐。但不吃西红柿又不是活不了。"不过,更深层次的真相是:几百年里,人们就那样活着,不关心他们的信念是否基于事实。他们自己无知,却归罪于西红柿。

如果不假思索地成为规范的共谋,我们往往就会犯下根本的错误;

---

[1] 在某些地方,禁食西红柿的习俗具有宗教的色彩:同其他茄属的水果和蔬菜一样,西红柿也被认为是女巫的"助手",因而被视为一种魔鬼诱惑的来源。

如果不加注意，这个错误就很容易将社会规范变成群体错觉。这就是我所说的"老实人谬误"（Candide Error）。

随着启蒙运动在18世纪的欧洲开启，对理性和科学的信仰逐渐取代了法国神学家、牧师、学者和军政领袖们的那些专制的、与世隔绝的世界观。法国"牛虻"、启蒙思想家伏尔泰充满睿智和讽刺的短篇小说《老实人》就创作于这一时期。

在这篇小说中，一位名叫邦葛罗斯博士的古板教授向年轻而天真的"老实人"灌输现今世界"尽善尽美"这一哲学信仰。这种教导同"老实人"亲身经历和亲眼看见的那些可怕的痛苦截然相反——地震、火灾、饥荒、烧死异教徒、不公正、被排挤的痛苦等等。然而，对于这些可怕的灾难——以及支持这些灾难的令人厌恶的社会规范，邦葛罗斯博士却在粉饰太平，说它们是生活的自然部分，不用理睬，要接纳。[1] 葡萄牙的里斯本被火山和地震夷为平地后，邦葛罗斯博士竭力安慰"老实人"说："这样最好。里斯本既然有一座火山，这座火山就不会在别的地方。因为物之所在，不能不在。因为一切皆善。"

"老实人"逐渐摆脱了邦葛罗斯的乐观信仰系统，他开始领悟到"一切皆恶，却仍然固执己见地认为一切皆善"纯粹是盲目的、彻头彻尾的、被规范"监禁"的愚蠢之举。

我们往往会认为：既然规范存在，那它们就是（用邦葛罗斯的话说）善的，是需要的。毕竟，如果谁也不需要或在意某种古老的观念，那它怎么会长期存在呢？答案很简单：社会规范非常难以摆脱。

---

[1] 伏尔泰在《老实人》中取笑了戈特弗里德·莱布尼兹的哲学，后者认为现有世界是上帝能创造的最好的世界。莱布尼兹的哲学观就是我们现在所说的"莱布尼兹乐观主义"：尽管世界存在种种明显的邪恶问题，依然捍卫上帝的正确性。

瑞典的一个故事可以很好地说明这一点。1967年9月3日凌晨5点，瑞典的所有司机都必须由左侧道路行驶改为右侧道路行驶。"右侧交通日"（Dagen H）要求所有司机一夜之间改变驾驶行为。原因何在？瑞典的所有司机都靠右侧行驶，结果，瑞典发生了很多撞车事故。而且，大多数瑞典人不赞成变换行驶车道。于是，瑞典政府发起了一场持续数年、耗资数百万美元的大规模公关和宣传运动。到处都印有"Dagen H"标志，包括女士内衣和牛奶盒。所有的地方政府都必须重新施划道路标线和交通站点。"右侧交通日"实施前一天，约有36万条街道的路标都被更换。

在一段时间里，"右侧交通"似乎确实减少了交通事故的发生，但到了1969年，车祸的发生率又恢复到了"右侧交通日"实施之前的水平。对于这样的结果，有些瑞典人仍在质疑这一劳民伤财举措的价值。瑞典政府本来是想制定一个新的社会规范，却发现这种改变非常复杂，远不只是更换交通标志和改写法律。这就相当于要求所有的左撇子突然改用右手。要改变牢固的、世代相传的习惯是极其困难的。

当面临的风险远不只是简单的协作，规范就更难以消除。就拿风靡一时的握手习俗为例。这个习俗始于古代的美索不达米亚，有人认为握手是一个好主意，因为这样可以向陌生人表明自己手里没有武器，因而意味着没有敌意。换言之，这种方法可以展示自己不是浑蛋。这是一个牢固而实用的观念。

问题在于，当时谁也没有意识到，握手也是传播疾病的绝佳途径。事实上，在19世纪之前，科学家和医生们都认为，霍乱、鼠疫等疾病是由"瘴气"（腐烂物质或脏水散发出的有毒气体）引起的。

1847年，匈牙利一位名叫伊格纳茨·泽梅尔魏斯（Ignaz Semmelweis）的医生注意到他任职的那家维也纳医院出现了某些令人担忧的情况。大量的产妇死于产褥热，这种疾病在当时并不罕见。但泽梅尔魏斯发现，产妇所在的病房不同，死亡率也不同。在需要解剖尸体的医生和医学生所负责的产科病房，产妇的死亡率几乎是不用解剖尸体的助产士所负责病房的三倍。[1]

泽梅尔魏斯怀疑是"死尸微粒"（cadaverous particles）导致了这些产妇患病，于是，他要求医生和医学生们早上解剖完尸体后、检查孕妇前用加氯水洗手。由于这个习惯的改变，产妇的死亡率由1842年的16%降至1848年的2%多一点儿。虽然医疗机构起初对泽梅尔魏斯的病菌传播理论嗤之以鼻，但洗手最终成为医疗工作中的例行规范。从那以后，每到流感季节，公共卫生官员都呼吁人们停止握手或者握手后常洗手（几乎没什么用）。

一场全球性的流行病才瓦解了这个异常顽固的社会规范。随着新冠疫情（Covid-19）的到来，我们每个人都不得不学会如何不通过握手来问候陌生人。对我来说，不握手感觉有些无礼，碰拳和碰肘无法完全满足我对这种友善而充满尊重的古老规范的渴求。

❖❖❖❖

让我们暂时回到榆树谷小镇。你还记得吧，那里的一个社会规范是禁止玩人头牌游戏。在理查德·施恩克看来，这个习俗起源于他所说的反抗英国贵族的"清教徒偏见"。人头牌游戏就像是低版本的社交软件Instagram，它被视为是对英国皇室宫廷的赞颂。通过禁止人头牌游戏，清教徒们表达了他们对反君主制度事业的忠心。但到了20世纪，榆树谷人所生活的国家早已摆脱了皇权专政。这个规范已经不再有用和合理，

---

[1] 两个病房的死亡率差异非常明显，即便是公众也看得出来。泽梅尔魏斯注意到，那些被随机安排入住医生负责病房的妇女非常焦虑，她们双膝跪下、紧握双手，请求被转到助产士负责的病房。

但好公民们仍在遵守它，因为他们认为大多数邻居都赞同它，虽然事实上并非如此。

这就是规范的问题所在。我们认为，既然规范存在，那每个人都是赞同的。因为错误的观念，我们很容易成为同盟，赞成那些不成文的、其实每个人都不想要的规则。随着越来越多的人犯下"老实人谬误"，盲从那些违反其个人价值观的规范，最终我们都会追随群体错觉这个幽灵。

当社会规范以这种方式变得陈腐，我们的"从众性偏误"就会让我们做出非常糟糕的决定。事实上，整个社会都会参与那些让人无法宽恕的破坏性行为，比如种族歧视、性别歧视和其他形式的偏执行为。由于我们没有意识到这一切，陈腐的规范就像响尾蛇一样潜藏在岩石底下。我们在它们上面起舞，因为大多数规范都不为我们所见。但它们一旦发起攻击，我们就会身中剧毒。正因为如此，我们摆脱糟糕规范的第一步，不是对它们置之不理，而是对它们（所有的规范）保持警惕。

正是在这一点上，有些非常重要但往往被忽视的社会人士——我们的艺术家们——发挥着巨大的作用。停下来仔细想想，你就会发现，几乎所有伟大的艺术作品都会审视规范、唤起观众新的认知模式。无数永恒的作品——包括伊戈尔·菲德洛维奇·斯特拉文斯基的《春之祭》、文森特·凡高的《向日葵》以及从欧里庇得斯到瓦茨拉夫·哈维尔的伟大诗人们的作品——都迫使我们思考那些我们习以为常的规范。

有时候，艺术让我们嘲笑那些人类盲从的愚蠢之举。有时候，艺术将我们从沉睡中唤醒。还有些时候，唤起我们的虚伪和破坏性的那些艺术会让我们感觉受到冒犯。但其全部的重点就在于此。

例如，莎士比亚的戏剧会巧妙地反映社会规范被扰乱时的情形。他的喜剧一般都依赖社会规范的混乱，表现人们彼此误读或误解所带来的后果：男人被错当为女人、女人被错当为男人、不同阶层的人互换位置。

最重要的是，艺术不但让我们质疑我们的规范，还让我们理解打破最糟糕的规范何以能改良社会。

正如巨型犀牛愉快地忍受红嘴牛椋鸟啄食其皮肤上恼人的寄生虫，人类和社会规范也有着互利共生的关系。群体可以提升合作性和协作性，我们个体可以获得更好的可预测性、降低随之而来的能量需求。在大多数情况下，这的确是一种双赢的局面。如果规范是包容性的、亲社会的，尤其是如果它们反映了我们的个人价值观，那它们就会放大我们人性中的"善良天使"，让群体和个体都能茁壮成长，而如果缺乏这些规范，两者是不可能茁壮成长的。

然而，由于规范具有普遍性和强大的力量，由于我们几乎不会仔细加以思考，我们往往容易继续使用那些超过"保质期"的社会规范。当社会规范变得陈腐——违背我们的个人价值观、牺牲多数人的利益而使少数人获利——它们很快就变得有破坏性，将我们拖入从众和群体错觉的暗流。

当然，过时的规范并不是群体错觉的唯一来源。如果是的话，我们就不需要这本书了，因为解决办法显然很简单：培养健康的质疑规范的精神。形成群体错觉的第二种方式要比这普遍和直接得多。不幸的是，在这种方式下，我们不但是群体错觉的受害者，还是群体错觉的发起者。

第 6 章
谬误统治

最易存在谬误的故事，
就是我们自以为很熟悉，因而从未审视或质疑过的那些故事。

——斯蒂芬·杰·古尔德（Stephen Jay Gould）

从众性的"黑暗隧道"

12岁时,我第一次探索了自己的一个社会从众性的黑暗隧道。

我当时住在犹他州和榆树谷有些相似的霍伯小镇,就位于大盐湖的边上。同大多数六年级学生一样,我也渴望融入我最喜欢的群体,它由和我同龄的5个满身臭味的男孩儿组成。加入这个群体的一个重要仪式,当然就是违反规则。因此,我们发现自己慢慢受到儿童禁用的烟草的吸引。

我们都觉得我们的伙伴乔——瘦高个儿、一副摇滚明星的派头——超酷。乔的哥哥马丁非常叛逆,他染上了咀嚼烟草的恶习,还说服他的弟弟相信:这种违禁物品所引起的尼古丁冲击,可以带来特别美妙的感觉。

于是,一天下午,乔召集我们到罗斯先生的大灌渠集合,这里远离人们的视线和我们父母的厨房窗户。他从夹克口袋里掏出一个圆盒,小声说道:"我给你们看个东西。你们一定要尝尝这个!棒球运动员们都在用这个!女孩们也喜欢它!"

一股偷吃禁果的强烈兴奋感让我们全身战栗。乔小心翼翼地打开圆盒，拿起一小撮褐色的碎末，塞入上嘴唇。"来，你来尝尝！"说着他把圆盒递给了我。

我盯着那些烟草，然后看看我的伙伴们。有几个人躲开了我的目光。我感到很不自在，但这是关键时刻。我拿起一丁点儿烟草，像乔那样塞入上唇和牙齿之间。一股辛辣、刺鼻的烧草般的臭味袭来，接着，尼古丁让我眼泪直流。

大家都看着我，乔让我咀嚼它。我照做了。太难受了。但我不停地咀嚼，就像是反刍的奶牛。在接下来的一个小时里，乔敦促我们每个人将更多的这种令人作呕的东西塞进嘴巴。

最终，我嘴里塞满了这种黏土状的东西。我不好意思第一个吐出来，就全部吞了下去。

"你咀嚼的烟草呢？"其他人都吐出来后，乔问我。

"我吞下去了。"我说，顿时感觉羞愧难当。

我的伙伴们都惊恐地盯着我。

"你不应该吞下去！"

此时，我开始感到非常恶心。我踉跄着，一路呕吐着朝家走去。

到家后，我一头冲进卫生间，我趴在马桶上呕吐的时候，母亲走了进来。她是一名护士。我抽泣着说出了实情，她把手放在我那苍白、不停冒汗的前额。

"没事的，"她平静地说道，"你不会死的，但我想你肯定不会再那样做了。"

十年后，回到家乡看望朋友和亲人期间，一天晚上，我和我的老朋友们围在篝火前，我想起了这次经历。"你们还记得吗？我们都在罗斯先生的灌渠里咀嚼过烟草。"

"对，没错。"他们说道。

"咦，恶心。"有人大笑着说。

"你真是奇怪。"马克说道。

"老实说,"乔说道,"我其实不想咀嚼烟草。"

长久的沉默。

"你开玩笑吗?"我回答道,"你敦促我们每个人那样做呢!"

乔沉默了一会儿。然后,他说道:"真的。我也是哥哥让我咀嚼的。"

我不是第一个,也不是最后一个屈服于同伴压力的青少年。我最终因此而生病。但我觉得我没有选择,因为对抗群体会让我感到同样痛苦。然而,因为选择从众,我妥协了自己的价值观,这也带来了痛苦。虽然我当时没有意识到这种痛苦,但我将其他的朋友置于难堪的处境,因为他们也都不想咀嚼烟草。但我们一个个地都屈服于这样的群体错觉:看见大孩子的愚蠢和不健康之举,跟着做是很酷的、值得的事情。

当然,所有的青少年都会做一些长大后会后悔的事情。希望被接纳或避免尴尬,我们就会顺从我们的朋辈群体。但我小时候咀嚼烟草的经历却不得不让人质疑,我们对他人的想法和渴望的判断很多时候其实都是错误的。它表明,我们不但会对群体错觉(规范)信以为真,还会因为误读了彼此的意图而无意中参与制造群体错觉。

不管你朝哪里看,也不管是什么主题,我们都可能发现自己陷入我们自己制造的破坏性群体错觉的泥潭。要明白其原因以及如何掌控这个问题,我们只需看看我们大脑的生物学局限——也就是说,看看我们所走的捷径,那些帮助我们驾驭这个远比我们所理解的更复杂的世界的捷径。

小心空隙

还记得吧，上一章提到过，你的大脑会消耗大量的能量。例如，虽然你的大脑每秒钟可以捕捉到相当于 11 兆字节的视觉信息，但你每秒只能将大约 60 个字节的信息"上传"到你有意识地"看见"的画面中。这就相当于你面前有法国巴黎的所有人口，但实际上只能看见 8 个人。

为了节约时间和脑力，你的大脑会做两件事情。

第一，它会选择上传哪些信息。它会问："这里有什么新信息吗？有变化吗？如果有，那它重要吗？如果不重要，那我就节省我的能量，依赖我已经知道和理解的规范和模式。"

第二，它会做出快如闪电的预测，早在意识思维介入之前，就基于先前的知识和经验填补缺失的信息。通过对可能的情况快速做出推论，你的大脑努力预测接下来会发生什么。

换言之，你的大脑不像是客观处理现实的计算机。事实上，对任何事情都要做到 100% 的精确，就会浪费大量的认知能量。因此，你的大脑会忽略那些不重要的细节，关注那些你真正需要的信息，这样你就可以清楚世界上正在发生的事情，预测变化并做出合理的反应。

例如，横穿车道时，你看见有一辆汽车正朝你倒车，你不会等着看看发生什么。你会下意识地躲开，但你的大脑也会为意料之外的事情做好准备。如果汽车换到前进挡，向前开并重新停车，你就会无意识地比较你预测的情况和实际发生的情况，如果有必要，就调整你未来的模式。而且，由于你的大脑在很大程度上依赖于对**可能发生**事情的预测，因此，它很可能会把现实误读为**已经发生**的事情。

要证明这一点，可以看看下面这个棋盘。请注意格子 A 和格子 B。如果我问你哪个格子颜色更暗，你会怎么说呢？很显然，答案似乎是格子 A，对吧？

（爱德华·H. 阿德尔森）

实际上，格子 A 和格子 B 是完全同色阶的灰色。那看上去为什么不是如此呢？因为你的大脑基于过去的经验知道阴影会对灰度有何影响（剧透一下：没有光线，灰色看上去会更暗）。因此，当圆柱被放在棋盘上时，就会造成实际情况（两个格子是同色阶的灰色）和你的大脑因为阴影而期望的情况（一个格子比另一个格子更暗）之间的反差。面对这种差异，你的期望会胜出，你的大脑会对现实加以编辑，以便同你的假设保持一致。

为了进一步证明，请看看下面这个棋盘，这两个格子有两条灰线连接。它们的颜色是相同的。

（爱德华·H. 阿德尔森）

你的大脑在填补空白的过程中，往往会误解现实。如果你基于模式的期望被违背，你就会感到困惑。为了解决这个问题，你的大脑会自动地将你的认知嵌入它已经理解的某种模式。

为了适应这个快节奏的世界，我们必须将自己的假设投射到我们所吸收的所有信息。这是我们自我保护本能的一部分。但问题在于，这些期望会对我们接受的所有信息进行染色。特别是在社交场景中，这使得我们很容易对他人的想法不断堆叠猜测。尽管我们愿意相信自己可以辨别"客观现实"，但实际上这是不可能的。我们的大脑既起着过滤器的作用，又起着投影仪的作用。

事实证明，我们对个体或群体做出的推论的准确性，同我们对棋盘格子的色阶的推论不相上下。这个推论问题就是我们制造群体错觉的主要原因。

你会读心术就好了

2015年，我回到犹他州的老家，向我深爱的、躺在医院病床上的祖母鲁斯做最后的临终告别。她躺在那里，鼻子里插着塑料吸氧管，我握着她虚弱无力的手。在这次最后的交谈中，分享共同的回忆时，我终于说出了困扰我多年的事情。

"奶奶，有件事情，我一直感到难过。"我坦白道。

"什么事儿，托德？"她慈爱地问道。

"那次，你和爷爷带我去时时乐餐厅吃牛排。我知道你俩没多少钱。对你们来说，去餐馆吃饭是一大笔花销。我经常想起这件事情。"

她叹了一口气，拍着我的手说："没错，我们是没多少钱。但我们很乐意偶尔款待你一下。"

"我的意思是，"我继续说道，"我很喜欢和你们一起外出游玩，吃你为我做的那种加有腌菜的熏肠三明治。我其实不是太喜欢去时时乐餐厅。"

"你当然喜欢。你喜欢吃牛排。你现在仍然喜欢吃牛排。"

"我知道，但我说的不是食物。那里的牛排还不错。只不过，时时乐餐厅太吵，人又多，我们都无法听见彼此说话。还有，我必须练习餐桌礼仪。"

我想起了我祖父母的客厅，很小，但一尘不染，挂着浅蓝色的窗帘，摆放着立式钢琴和老旧家具。在我的童年和少年时期，他们的家是我放学后的庇护所，帮助我度过了许多艰难时光。奶奶从不命令我坐端正、保持安静，她接纳我本来的样子，这是她送给我的最有爱、最宝贵的礼物。

"说下去。"她说道。

"是这样的，我非常喜欢和你们在一起。"我接着说道，"我真的很喜欢和你俩边玩骰子游戏，边吃爆米花，边看卡罗尔·博内特[1]的节目。我们没必要出去吃。"

她笑了起来，笑个不停，然后不停地咳嗽。缓过来后，她也说了实话："你知道吗？我俩其实也不喜欢去时时乐餐厅吃牛排。为了要带你去那里，我俩甚至放弃了约会之夜。我们这样做，就是因为我们认为你喜欢去。"

过时的规范让我们走向群体错觉。你很难读懂他人，哪怕是那些你认识很久的人。其他人也会因为社交影响力而扭曲自己的行为，就像你一样。但你没有意识到这一点。

––––◆◆◆––––

我们总是试图读懂他人的想法，但事实上我们永远无法真正读懂。

---

1 卡罗尔·博内特：生于 1933 年，是 60 年代的综艺节目《卡洛尔·伯纳特秀》(The Carol Burnett Show)的主持人，也是一个喜剧演员，她是美国第一个拥有自己的节目的女演员。

我们只能基于他们的言行和我们先前的知识加以猜测。

因此，我们会全力以赴地进行所谓的"构想"（mentalizing）过程（猜测他人想法的认知活动）。采用功能性磁共振成像仪对大脑进行实时扫描，神经学家们已经发现，当我们进行构想时，与理解社交环境相关的那些脑区（内侧前额叶皮层、前颞叶、颞顶叶交界、内侧顶叶皮层）也会活跃起来。问题是，这些脑机制的出错率非常高。不管我们试图读懂的是群体的想法还是个体的想法，我们都可能出错，原因很简单：我们会极大地低估社交影响力对他人的影响。

至于朋辈压力，我们都知道我们会受其影响，但我们不清楚它对其他人的影响程度。与愤怒和尴尬不同，社交焦虑没有任何显而易见的线索。我们没有任何办法确切地知道他人是否担忧自己被嘲笑或没有归属感，就像咀嚼烟草例子中的那种尴尬的结局一样。我不知道吞下那个可怕的东西时我的脸颊是否变得绯红，但我确实知道，我们极少有人会密切关注他人身上的这些细微线索。

结果就是接连不断的不确定性、错误的假设以及对当出头鸟的恐惧——这些因素共同驱使着我们误读他人，基于错误的想法而改变我们自己的感受、想法和行为，哪怕我们并没有意识到这一点。我们以为人们所说和所做的一切都会诚实地反映其个人观点，这种自然的倾向性只会加剧这个旋涡，因为这肯定是不真实的。如果你开车超速加塞，我自然就认为你是一个浑蛋；而事实上，你可能是着急赶去医院向你深爱的某个人做临终告别。由于我们不会读心术，我们就会基于我们所拥有的不完整信息加以猜测（往往是错误的）。

正如我奶奶的那个例子所表明的，社交规范会加重我们误读他人的倾向性。例如，请想想我们出于好心而对彼此所说的所有那些善意的小谎言。

假设你在朋友家里吃感恩节大餐，餐食是有各种配料的火鸡肉。你吃了一口火鸡肉，心想："天啊，这东西太柴了。"然后用叉子取了一点儿土豆泥，以便帮助下咽。

"你觉得这火鸡肉怎么样？"女主人问道。

"非常美味！"你还没鼓起勇气说实话，有人就说道。餐桌旁的每个人都点头同意。女主人笑容满面。

"很好吃！"你补充说道。

你绝对不会大声说："我觉得这火鸡肉吃起来像木柴。"在场的其他所有人也都不会这样说。在这种场合下，诚实会让你看上去是个浑蛋。相反，你说"很好吃"，因为你希望友善地对待女主人，以免失去一位朋友（或者很多朋友）。

掩藏你对柴火鸡肉的真实感受是一回事，隐藏有关社会、道德、经济或政治等重大问题的真相则是另一回事。如果某人在传递肉汁时说了种族歧视的话语而谁也没有反驳，那这句话似乎就是可以接受的，但显然并非如此。在处理重要性远超餐桌礼仪的重大社会问题时，不愿公开诚实地说出自己的想法，就会导致严重的大问题。

我本人和其他很多人的研究均表明，几乎在所有的生活方面，我们都会掩盖真相。拒绝公开表达想法可能有助于保持感恩节大餐的和谐气氛，但它在更广泛的层面上会助长两极分化，因为谁也不会听见不同于自己的想法。如果很多人都不说出自己的真实想法，那这种行为很快就会变成一种自我强化、自我应验的"操作模式"（modus operandi）。

我和我奶奶之间的群体错觉以及有关火鸡肉的善意谎言都是无关紧要、没有危害的掩盖真相的行为。但如果误解涉及更为重大的问题并被数十亿人广泛传播，那会怎样呢？

信息爆炸：社交媒体里的噪声

理查德·施恩克100年前拜访榆树谷时，这个小镇的日常生活节奏非常缓慢。当时，全球人口总数只有20多亿，美国人口总数为现在的1/3。大部分劳动由人力和畜力完成。虽然人们可以坐火车远行，但出行在很大程度上仍然依赖步行或马车。如果你需要洗衣服，就要使用搓衣板和大水桶，你得在后院用开水给床单消毒。汽车还是新奇事物。电话、电视和冰箱都是令人惊讶的新发明，对大多数美国家庭来说还太过奢侈和昂贵。收音机尚在摇篮之中，因此，榆树谷人接收到的外界信息，大都来源于单一的报纸，报纸页面登载的大都是当地的故事。

日复一日，每周、每月、每季、每年的情况都以可预测的方式发展，直到小镇上的人们活到60岁左右的平均寿命。在这种慢节奏的生活中，人们可以很好地跟上最新的信息。

今天，地球总人口数已经超过80亿。民主、科技和全球化的发展带来了诸多的社会益处，包括增加受教育机会、减少贫困。同时，世界各地的人们建立联系的容易程度也呈指数级增加，这意味我们所属的群体比以前任何时候都更加无形。有了互联网，我们就可能知道全球发生的事情，然而，我们的大脑还没有足够的时间进化出能够处理来自数十万人的海量信息的高级机制。

例如，问问自己："在酒吧里不期而遇、未经邀请也可以一起畅饮而且感到舒服，这样的人我认识多少？"根据英国人类学家罗宾·邓巴（Robin Dunbar）的研究，实际数字是150人。早在20世纪90年代，邓巴就发现灵长类动物的脑容量与平均的社交群体大小存在关联性。根据他对灵长类动物的观察结果的推断，他提出了所谓的"邓巴150人定律"，它代表着人们能够容易维持稳定人际关系的人数上限。超过这个数字的其他人都是噪声。

今天，由于社交媒体的普及，我们每个人都被包裹在技术驱动下的各种社区。即使是对我们最重要的网络群体，其跨时空的传播方式也使我们不可能认识哪怕小部分的群体成员。而且，我们仿佛都生活在榆树谷，不停地对群体成员的观点和欲望做出判断，猜测我们所在群体的想法和喜好。我们的穴居人大脑有些笨拙，只能够密切关注我们最亲近的朋友、家人以及最信赖的社交群体，因此，我们装备不足，无法应对互联网产生的各种错觉的攻击。而这正是我们每天都要面对的事情。

请看看下面这个例子。2015年11月22日，美国新闻聚合网站Buzzfeed News刊出了一则消息，开篇写道："加利福尼亚州，洛杉矶市，2015年11月22日清晨，歌迷们所熟悉的德雷克——受人热爱的说唱歌手奥布瑞·德雷克·格瑞汉在一场车祸中与世长辞。"

该网站选取的这则消息，来源于YouTube上德雷克一首最流行的歌曲官方视频下方的系列评论。所有的评论都对德雷克的英年早逝表达了哀悼。24小时后，这个视频的点击观看量就高达1700万，排名前列的那些评论弥漫着悲伤和难过的气息。图片分享论坛网站4Chan的会员们推波助澜，疯狂地点赞。很快，这则消息就在推特和微博网站 Tumblr 上迅速传播，维基百科将德雷克的去世日期标记为 2015 年 11 月 22 日。

这一切对德雷克来说真是新闻，他还健康地活着。

制造这个骗局的，是 4Chan 网站一个讨论帖的用户，他们想知道："如果我们欺骗互联网用户们，让他们相信德雷克去世了，那会怎样？"结果，他们所说的"德雷克行动"变成了一个大笑话。

这类的网络骗局随时都在发生。2018 年，一个伪装成合法新闻来源（CNN）、叫作"Breaking-cnn.com"的网站发布了一条公告称芭芭拉·布什在"睡梦中安然辞世"，而实际上她第二天才去世。仅在脸书上，这条公告所收获的点赞、转发和其他回应就超过 200 万。

仅在 2017 年，数百万网络用户如饥似渴地吞食并传播的消息就包括："联邦调查局突袭停尸房员工住所，搜出 3000 多具男性生殖器""特朗普总统发布命令，处决 5 名由奥巴马特赦的土耳其人""老妇被指控训练 65 只猫盗窃邻居财物"——所有这些都是病毒般传播的假消息。

匿名群体可以通过社交媒体不停地传播谎言，因此，要确定各种无形群体中的多数人的想法和观点是极为困难的。即使是在现实群体中，完全清楚哪怕一小部分人的想法也是不可能的。那我们又如何猜测其他人所在的那些模糊不清、几乎完全匿名的大型群体的看法呢？互联网规模如此庞大，我们只能基于预先构想的观念和间接信息进行猜测。

从宫廷八卦到保罗·里维尔（"英国人来啦！"）[1]，我们总是如饥似渴地消费着别人传递的信息。我们也早就意识到这种信息的局限性。间接报道很容易歪曲信息——传播距离越远，原信息就越被歪曲。法庭不会

---

[1] 保罗·里维尔：美国独立战争英雄人物。当他在 1775 年 4 月 18 日的午夜骑行中从一个城镇经过另一个城镇时，并未喊出后来被认为是他喊的传奇短语（"英国人来了！"）。

采信道听途说或非目击者提供的信息作为证据，这就是其中的一个原因。如果你玩过"传话游戏"（一个人将某件事小声告诉另一个人，这个人又将自己听见的信息传给下一个人，如此传递下去），你就知道，最后那个人听到并大声说出的信息往往错得让人捧腹大笑。

———— ✦✦✦ ————

今天，我们必须努力搞清楚间接信息，其必要性超过以往任何时候。全世界数十亿人都被卷入了"传话游戏"。我们何以了解为数众多、各色各样的人对我们的要求或期望呢？如果我们认同的群体的人数多达数千或数百万，难以理解群体成员的一切，那我们就只能推测。

对于民族身份等信息，我们确实可以推测。然而，当互相矛盾和冲突的网上信息向我们涌来，我们就很难知道应该相信哪个来源、来源的信息有多大分量。这就像300个保罗·里维尔都在传播着截然不同的英国敌军骑马入城的消息，有人甚至声称根本就没有"英国人"这回事儿。

榆树谷事件发生60余年后，互联网诞生了，开始改变世界各地的人们的社交体验。从有限的电子邮件连接到早期的政府网络，计算机连接在20世纪90年代扩展至网景公司和美国在线公司（AOL）并由此进入全新的网络时代。今天，互联网用户生成的数据高达250万兆字节，约为地球上蚂蚁总数的100倍。用100万兆个便士，我们可以覆盖地球表面积的1.5倍。这些庞大的信息90%是在2018年至2020年创造的。

今天，全球最大的社交媒体平台脸书拥有20亿活跃用户，每分钟平均会发布51万条评论和29.3万次状态更新。社交平台Instangram的用户每天分享的照片和视频多达9500万，只略少于每年通过乔治·华盛顿大桥——全球最繁忙的公路桥——涌入曼哈顿的汽车数量。

如此巨量的信息简直让人难以想象。也许除了诺亚，历史上还没有谁应对过如此巨大的"滔天洪水"。我们这些每天醒着的大部分时间都盯着屏幕看的人所吸收的信息量，要远超以前任何时候的人们。除了工作，我们每个人每天在业余时间里所"消费"的信息量大约为34亿字节（或10万个单词）。2011年，美国人"消费"的信息量是1986年的5倍，相当于每天阅读174份报纸。观看5个小时的电视，你接收到的信息量就相当于20亿字节。

当然，互联网也创造了许多信息奇迹。利用谷歌，你可以搜索到任何东西；通过图书馆卡片目录搜索信息的日子一去不复返。如果你患上了癌症之类的疾病，你可以自己做些研究，然后向医生问些更为明智的问题。你不用整天拨打电话等候呼叫中心接通，相反，你登录公司网站就可以找到问题的答案。但鉴于我们人类大脑处理视觉信息的速度较慢，假称能够消化今天四处漂移的所有数据是愚蠢可笑的。[1]因此，我们今天生活的世界，导向我们的信息大都是由我们或算法"订做"和个人化的。换言之，我们现在看见的信息，都是我们想看见的信息。

你可能认为这些知识会带来更大的智慧，但事实似乎并非如此。我们被"投喂"信息的速度以及我们尽可能多地"下载"信息的天然冲动，都远远超过我们处理信息的能力。用我们过时的思维机制面对数字时代，就有点儿像使用20世纪80年代有着像素化文本和闪烁的绿色光标的老式IBM个人电脑上传照片到脸书。任何跟上速度的努力都是徒劳。于是，

---

[1] 这里还有一组令人震惊的事实：一个字节的数字数据（7.5位）足以存储一个文本符号。如果银河系的一颗恒星（多达4000亿颗）是一个字节，我们就有4000亿字节。将这个数字乘以7.5亿，就会得到我们今天拥有的信息总量。如果你出于某种原因想下载互联网上的所有数据，你需要花费1.81亿年。

我们的大脑就会像过热的硬盘一样不停地运行，拼命地确定要选择和吸收哪些信息。[1]

为了寻求缓解，我们就依赖于无意识的认知捷径。我们将信息来源缩小至我们所在的群体。归属于我们认为成员会赞同自己的群体，无论我们对他们做出这一推测是否正确，都可以从中获得舒适感。这种捷径虽然可以让我们暂时平静下来，但它们会造成各种问题。

故意的错误信息和虚假消息是一回事。但我们关注这些信息，会遮蔽信息泛滥所造成的更严重的伤害。不幸的是，我们的大脑和互联网结合，不只会产生更为强大的信息联系，还会造成前所未有的、可能会包裹我们每个人的不断激增的各种误解。

1　最糟糕的是，这个过程会造成身心伤害。大脑过载，会让人感到压力、焦虑、无力和疲惫。身体会大量分泌肾上腺素和应激激素皮质醇，让我们长期保持高度警惕，满足我们对压力来源的嗜好。我们会失眠、体重增加。最终，大脑开始关闭，就像是断开开关，以避免自己彻底崩溃。

友谊悖论：哈哈镜屋子里的生活

正如棋盘例子所表明的，你很难相信自己的眼睛。我们甚至会误解那些我们自认为关系亲密的人，就像我和我奶奶彼此误会一样。社交媒体会强化这种作用。我们对他人的推测通常是错误的，因此，我们必须明白社交媒体到底是如何放大群体错觉的。

互联网会系统性地收集、推送、分发、追踪和放大用户"消费"的所有信息。其大部分内容都由极少数人生成。几乎可以肯定的是，你永远无法读到你的脸书社区或推特空间里大多数人的立场和观点，即使你们讨论的是你最喜欢的德雷克歌曲之类较为温和的话题。

互联网不是你可以随意选择观看或阅读的内容、尽情朵颐的自助大餐，它更像是套餐菜单（prix fixe）：你"消费"的东西，都是基于你以前的上网行为由算法专门**为你**推送的。换言之，你的数字环境是高度个人化的，算法会推送它认为你喜欢的东西。因此，如果你搜索有关暴力抗议或反法西斯运动（Antifa）的信息，你猜之后会出现什么新闻资讯？更多的关于暴力抗议或反法西斯运动的报道。

这个问题会因为大脑具有所谓的"重复偏误"（repetition bias）的诡

异怪癖而得到强化。简单地说，某个故事听得越多，你就越会认为它是真实的，认为它被普遍理解为真实，即使我们知道这个故事的讲述者是同一个人。重复就像是暴风雨，慢慢地将小溪侵蚀为泥泞的道路。重复会对公司广告和政府宣传起作用，因为他们反复地说着同一件事情，直到熟悉战胜理性，不断重复的谎言开始让人感觉它是真理。很简单，我们越频繁地看见某个东西，我们的大脑处理并接受其为真实的速度就越快（唯一的例外是那些极端的、明显虚假的信息，比如，"人类是冷血动物"）。

例如，请看看当前的假新闻现象。2018年，耶鲁大学的一个研究团队发现：只需让脸书用户反复接触同一条虚假信息，不管其可信度如何，都会增强其主观感觉的准确性。只需投下一枚潜在真实的"银币"，就能让轮子开动起来，比如"特朗普谈军队改造：我们要恢复征兵制"这样的新闻标题。被试者第二次接触这个貌似可信但明显虚假的标题后，说这则新闻是准确的被试者人数比第一次接触时增加了一倍。

研究团队得出结论：社交媒体起着虚假信息的孵化器和仓鼠转轮的作用，从而放大"重复偏误"。事实上，即使事实核查者已经揭露某个信息是虚假信息，或者某条信息有悖于被试者的政治观点，被试者也会相信它是真实的。

不幸的是，在现实世界中，我们的大脑要在快如闪电的、常常让人分心的环境中处理信息，因此，我们对信息的无意识的熟悉往往会战胜我们对信息来源的客观评判或我们的既有知识。事实上，研究已经表明，当我们的注意力分散于几件不同的事情时，我们读取客观记忆的能力就会受到削弱，从而强化我们的"重复偏误"。在这种情况下，对某条信息的熟悉程度就比信息本身是否真实更为重要。

哲学家路德维希·维特根斯坦（Ludwig Wittgenstein）有过精妙的类比：我们相信频繁重复的信息，好比再买一份同样的报纸，就为了看看第一份是否正确。重复就像是我们的生物软件中的一个故障，它与真相没有任何逻辑联系。但它已经成为我们想法的一个陷阱门。可悲的是，政府、霸凌者和领导者一直都在利用这种陷阱。只需举一个例子：希特勒的《我的奋斗》（*Mein Kampf*）一书列出了许多成功的宣传的核心原则——包括"不断重复几个观点、使用陈词滥调、避免客观性"。[1]

通过放大音量最强的声音而不考虑其知识性或专业性，社交媒体就能火上浇油。例如，美国推特音量最大的推文来自少数推特用户：2018年，所有推文的80%是由10%的推特用户贡献的。音量高的少数人摆脱了时空限制，营造出他们在代表多数人说话的虚假印象。而这种策略是有效果的。由于我们多数人都将重复的、音量大的信息误以为是普遍接受的真实信息，因此，声音大的少数人所说的话无论是否具有真实性，都会被作为真实的反映而接受。

✦✦✦

非主流观点在社交媒体上拥有强大的影响力，甚至会扰乱我们对舆论和真相的认知，这还有另外一个原因。它与科学家们所称的"友谊悖论"（friendship paradox）有关。这个悖论说的是：平均而言，你的朋友比你拥有更多的朋友。乍一看，这似乎有违直觉，但其实比较简单易懂。有些人在社交网络上确实有更多的朋友。小时候，我在霍伯镇上有20来个朋友。其中一个朋友是乔（就是看上去像摇滚明星的帅哥）的弟弟。乔比我和我大多数朋友都更受欢迎，他拥有100来个朋友。这意味着，

---

[1] 信息重复的效果存在次数的限制。科学家们发现，信息重复的次数太多或强加于我们，就会引起我们怀疑，让我们不相信其来源。

整体而言，虽然乔的弟弟低于平均水平，但我的朋友拥有的朋友数量比我更多。由于他拥有的朋友更多，他对我想法的影响力也就特别大。于是就有了那场"烟草灾难"。

社交媒体可以将"友谊悖论"发挥到极致。假设你在推特上拥有100个粉丝，其中有些粉丝拥有1000个粉丝。他们看见的信息和帖子比你更多种多样。因此，你推特网络上这些高度连接的少数粉丝给你的印象是：他们非常受欢迎，表达的是多数人的看法。事实上，如我们所知，只需少数人发个推文，这个推文就可以像超音速的乒乓球一样四处反弹，直到他们的观点无处不在。尽管这些人肯定不代表多数人，但你最终可能认为他们所持有的是多数人的观点。

如果大嗓门的非主流者只占10%，其态度和喜好多多少少和其他人相似，那这还无关紧要。但互联网上那些最响亮的声音显然和其他人的并不相似；他们更像是现代社会的索尔特夫人们，或是那些追逐年轻奇幻作家劳里·福里斯特（Laurie Forest）的网络起哄者。他们通常持有非主流观点，不介意表达这些观点，他们手握大喇叭筒，以我们无法阻止的方式影响着我们。

在各种内在的偏误、互联网的放大效应和"友谊悖论"的共同作用下，网络变成了一个布满哈哈镜的狂欢之屋。结果就是，一切都变得膨胀和畸形，几乎不可能分清真伪、辨别认知和现实。

如果不想办法走出哈哈镜屋子，我们就会成为心甘情愿的参与者，制造和助长更多扭曲的错觉。

代际后果：孩子们会被影响吗

回想序言中"民众智库"所做的那项关于成功人士的群体错觉调查研究，你应该还记得：人们认为他人所相信的东西，与他人在个人生活中实际为之奋斗的东西，这两者之间存在巨大的差异。在这项研究中，97%的调查对象将个人成功定义为"追随自己的兴趣和才华，成为自己最感兴趣的领域里的出类拔萃者"。然而，92%的调查对象（几乎同样高的比例）认为社会对成功的看法是富有、职业光鲜或知名度高。

换言之，我们对成功的个人理解，完全不同于我们认为其他人对成功的看法。由教育、人际关系和性格所衡量的"好生活"几乎对每个人都最为重要，而地位是最不重要的衡量标准。一般而言，我们每个人想要的东西是相同的：被人爱和关心、足以过得舒适的财力、好的父母、工作愉快、身体健康、对社区做出贡献。

但我们的孩子没有获得这样的信息。就拿名气为例吧。如果没有人公开表达平凡的价值，你认为我们的孩子们会吸收到什么信息？

加州大学洛杉矶分校（UCLA）心理学家所做的一项有关电视节目传

播的价值观的研究给出了答案。1967年,《我爱露西》《安迪·格里菲斯秀》等情景喜剧关注的是家庭和社区。20世纪70年代,《拉文与雪莉》《快乐时光》等情景喜剧关注的也是社区价值观。到了1997年,电视节目传播的头号价值观是社区情感;2007年之前,仁爱(善良、乐于助人)依然是重要的价值观。然后,情况发生了变化。

这种变化源于互联网的出现。截至2007年,互联网用户已经突破11亿,超过世界人口的17%。第一个完全意义上的"数字一代"吸收的是一套新的价值观:首先是名望,然后是成就、人气、形象和金钱上的成功。《美国偶像》(一档选手参加唱歌比赛的真人秀)《汉娜·蒙塔娜》(一位高中生夜间做摇滚明星)等电视节目反映的就是这些价值观。

在这10年间,YouTube、脸书和推特得到迅速普及,人们更关注自我(包括自拍照)、更容易自恋。今天,孩子们的头号目标是成为YouTube明星。根据皮尤研究中心(Pew Research)2018年所做的一项研究,37%的青少年感觉社交媒体给了他们压力,迫使他们在他人面前要"显得好看"、获得"点赞"。"我和我的朋友们在做一个YouTube频道,"一位11岁的男孩告诉加州大学洛杉矶分校的研究人员说,"我们的目标是想办法获得100万订阅者。"这个孩子对展示才华并没有兴趣——他唯一的兴趣似乎就是获得这个订阅者数字。研究人员问道:"如果是这些数字媒体诱惑你传播自己,分享自己的生活,希望获得由播放量、点赞数和评论数计算的关注,那你能怪这个孩子吗?"

尽管有这种真知灼见,但大多数美国青少年认为成功就是追求名气,在这个虚幻的世界里"显得好看"。广告商特别注重兜售这种错觉,因为他们也陷入了错觉之中。他们认为我们每个人都想要名气,因为我们每个人都认为我们都想要它,于是,他们就给予我们认为我们想要的东西。因此,孩子们的教育以及我们这个社会的未来都陷入种种群体错觉之中。

如果我们屈服于这些错觉，这不只是会影响我们，还会影响他人。我们同最亲密的家人和好友所碰到的推理问题，也会对我们所在的群体起作用，造成对主流观点的误解。追逐成功幽灵，我们会陷入我们在竞争性真人秀节目中所看见的那种残酷的、零和的陷阱，我们获胜就意味着其他某个人必须失败。

但最大的悲剧在于：如我一开始所说，大多数人都持有我们那些没有表达出来的观点，我们只是没有意识到这一点。巨大的信息风暴、被放大的少数人的声音、我们自己的认知捷径，这些都使得我们无法看见和公开表达我们共有的想法。这会遮蔽我们共同的、因为害怕"索尔特夫人们"或担心无法获得"点赞"而没有讨论的真实想法。

这种可怕的趋势对我们每个人来说都是危险的。随着后代人基于老一代人的文化习俗和社会规范塑造自己的行为，他们通过模仿弄清楚自己的身份和归属的意义。一代人的群体错觉变成下一代人的个人看法。

如今，社交媒体的介入已经成为生活中无可争辩的事实，而且我们无法通过寻求更多的科技产品或社交媒体来解决这个问题。因此，解决办法就在于我们自己。

首先，我们要意识到我们对群体的想法大都是错误的。我们可以掌控那些错觉是否影响我们的行为，更重要的是，我们是否允许这些错觉影响我们对现实生活中的社区成员的看法。做到这一点是完全可能的，我们每个人都能做到。

我们必须明白，我们不能再依赖我们的大脑来准确解读社会现实。我们很不擅长读懂他人的想法，科技产品已经让我们高度依赖间接信息，将这两大事实结合起来，你就会明白，我们很容易彼此误解。因为误解，我们最终就会伤害自己、伤害彼此。

好消息是：群体错觉虽然强大，但也很脆弱。它们存在，是因为我们允许它们存在。我们可以生活在一个没有群体错觉的社会，一个对我们每个人都更好的社会。但要做到这一点，我们每个人都必须为作为制造和维系群体错觉的一分子而担负应有的责任。

人们放弃力量的最常见方式,
是认为自己毫无力量。

——艾丽斯·沃克(Alice Walker)

下篇
重拾力量

第 7 章
自我一致的力量

做真实的自己，此乃三生有幸。

——卡尔·古斯塔夫·荣格（Carl Gustav Jung）

如果你不得不自我欺骗

鲍伯·德莱尼，70岁，宽肩，圆脸，花白短发，蓝眼睛，口音很重。他属于最聪明、最善良、最有道德感和同情心的那种人，是你渴望结识的名副其实的英雄。他比任何人都更能让你明白：欺骗掌控了你的生活会怎样。

鲍伯小时候住在新泽西州的帕特森市一个关系紧密的爱尔兰人和意大利人社区。作为一名州警察的儿子，鲍伯诚实正直，深受家人、朋友和邻居们的喜爱。天主教会学校严格的规范和体育运动严格的惯常安排使他的生活井井有条，他甚至想过有一天成为一名牧师。他天生就有锐利的眼光和敏捷的头脑，从不调皮捣蛋（他还会说俏皮话："从小就是爱尔兰天主教徒，意味着你早上醒来就有罪。"）上高中时，他喜欢踏入篮球场参加比赛带给他的那种活力和紧张感。他是一个诚实、勤奋的孩子，一心想成为模范成年人。

因此，21岁时，鲍伯跟随父亲的脚步成为一名州警察，他爱上了这份工作。同父亲一样，他为自己穿戴挺括的警服、佩戴警徽和穿着锃亮的皮鞋而备感自豪。他从警察工作中获得极大的满足，即使不值班也住在警所里。他坚守"里程与微笑",每天都在新泽西州的公路上巡逻,乐意帮助那些缺乏自身警力的小型社区。他有一个使命。他回忆说:"我那时是骑警杜雷德那样的警察,我就想抓坏人!"[1]

1975年的一天,鲍伯接到一个来自警局总部的神秘请求。一位警督注意到这个热心的年轻警员,想知道鲍伯是否愿意接受抽调去执行一项为期6个月的调查有组织犯罪的任务。当时,新泽西滨海地区暴徒横行,这些暴徒敲诈勒索小商人数百万美元,强迫他们支付难以承受的"保护费"。这些商人同样是无助的守法公民,作为州警察的鲍伯曾发誓要保护和捍卫他们。他当即把握住了这个机会。

新泽西州警局和联邦调查局(FBI)联合执行这项特别任务,其目标是渗入新泽西的吉诺维斯、布鲁诺、甘比诺、迪卡夫肯特等臭名昭著的黑帮家族收集犯罪证据。热情、单纯、年轻的鲍伯同意执行这项他觉得"很酷"的、为期半年的任务,认为这次经历将有助于他实现自己的探长梦想。该任务叫作"阿尔法计划",由两名州警察(鲍伯及其搭档)和三位联邦调查局探员组成。按照要求,他们在当地成立了一家卡车运输公司,以便吸引黑帮的注意并最终和他们交上朋友。

接受这项任务,就意味着鲍伯必须近乎完全地断绝以前的生活。他突然辞去了警察工作,没有任何解释。他的朋友们(包括他的那些警察搭档)都担心他碰到了大麻烦。面对他们的询问,鲍伯都转移话题;由于这项任务充满危险,他必须守口如瓶。他甚至不能告诉家人自己在做什么。

"就这样,我从地面消失了,进入黑暗的地下世界。"他写道。

---

1 "好人杜雷德"是20世纪60年代动画剧《波波鹿与飞天鼠历险记》中的乐于助人的加拿大骑警角色。

做卧底之后,鲍伯变了一个人。他披上了全新的身份,取名为"波比·科特"("科特"现在是常见的爱尔兰人姓氏,但奇怪的是,其真实意思"隐秘"在20世纪70年代初并没有引起黑帮分子的怀疑),开始改头换面。那个修长、整洁的年轻警察消失了。用鲍伯自己的话说,他成了一个"狐臭难闻的人",作为伪装,他衣着邋遢,老了4岁,体重增加了30磅,留着低垂的八字胡和卷发(他每周都要使用几次卷发筒)。

很快,黑帮开始从鲍伯新成立的卡车运输公司抽取25%的利润。帕特·凯利(以前是黑帮成员,后转为联邦调查局的线人)被安排为鲍伯公司的合伙人和顾问。帕特急于出狱,将有关黑帮团伙及其运作方式的所有事情都告诉了鲍伯。

他还利用自己的关系,帮助鲍伯赢得了黑帮的信任。黑帮分子开始去鲍伯的公司楼上逗留,看电视、喝酒、商量新的诈骗计划。为了经营这家卡车运输公司,鲍伯和帕特每天都要工作15个小时。卡车运送黑帮分子所称的"战利品"——偷盗的自行车、衣服、电器等等。鲍伯和帕特身上以及大楼里都装有监听器。联邦调查局监听着一切:黑帮分子的一举一动、交谈和脏话都被录了下来。

为了在这个"充满欺骗和危险的世界"生存下来,鲍伯变成了更高明的说谎者。他像他新结识的"朋友"们一样大吹大擂、冷酷无情,起初是有意识模仿,后来成了无意识的习惯。他变得满口粗话、争强好斗。他结交的黑帮上层人物越多,就越像变形虫一样染上黑帮文化。他以前的身份逐渐消失。"不知不觉中,我开始改变。"他回忆说,"我的思维就像是真正的黑帮分子。"

联邦调查局对鲍伯的工作非常满意,迫切希望收集更多的证据。他们延长了他的合同期,为他提供财力支持扩大卡车运输公司业务,鲍伯成了公司的新总裁。时间流逝,几年之后,鲍伯开始穿着黑帮老大们常穿的那种发亮的三件套西装，连开的车都一样：林肯马克 V 豪华轿跑。他和黑帮分子分享内部笑话，请他们去高档餐馆吃饭。他也会花时间陪自己的家人。他喜欢上了"波比·科特"，对自己的新身份感到舒适自在。

但他对自己的新生活也不是感到完全舒服。他发现自己不可能放松下来，他对现在的自己不能露出任何厌恶感觉。"就像是生活在厕所里，"他说，"在厕所里待久了，你就会开始发臭。"

执行"阿尔法计划"第三年，鲍伯确信，如果黑帮分子发现了真相，知道了他所做的事情，肯定会暴揍他一顿。他知道得太多了。时刻都会暴露危险的生活让他感到非常焦虑、压力重重，这些开始对他造成损伤：心悸、惊醒、醒来汗水浸湿床单。他的应激激素水平非常高，肾上腺——调节新陈代谢、免疫系统和应激反应的身体器官——停止了工作。他饱受慢性腹泻的折磨，有时候，他不得不在路边停车呕吐。他一度认为自己心脏病发作。对于这些身体疾病信号，鲍伯尽量不予理会，但他清楚这些对一个 20 多岁的小伙子来说是不正常的。

一天傍晚，和几个黑帮分子坐车时，他触碰到了自己的道德底线。他和帕特坐在后排，拉里和迪诺（两个最坏的黑帮分子）坐在前排。鲍伯"啪"地打开了手提箱的弹簧锁。车上的每个人都呆住了，那声音很像扣动击发枪扳机的声音。

随着他们慢慢放松下来，鲍伯（几乎紧张到了极限）想到了一个可怕的想法："如果下次我的手提箱里真的有一把枪呢？我会结束这该死的一切。我会快速打开手提箱，迪诺不会注意到。我会掏出手枪，击中他的后脑勺。趁拉里没有反应过来，我也会开枪打死他。为了确保没有任何证人，我不得不拿枪指着帕特——可能很难——然后扣动扳机。"

在绝望的时刻，一个人可以合理化任何事情。

分裂的生活，被撕碎的自我

鲍伯从来没有变成真正的黑帮分子，因为他的性格、教育和价值观不允许他这样做。但双重人格的生活让他付出了巨大的代价，造成了持续的认知失调和心理混乱。作为一名州警察，他认为自己很有道德感，是一个信仰上帝、法治、真理和正义的人。

然而，这个自我根本无法与波比·科特调和，后者是一个没有道德感、无耻地忠诚于盗贼和杀人犯的卡车运输公司总裁。波比·科特与黑帮分子为伍，假装与黑帮分子为友的时间越长，向新泽西州警察局和联邦调查局出卖这些假朋友的次数越多，他就越来越疏远鲍伯·德莱尼。鲍伯在很多方面都感到自我分裂，他珍视的真实自我被撕碎。

最终，鲍伯告发了这些黑帮分子，他被给予数周的全天保护。然后，他就只能靠自己了。他床头随时都放有枪，走到哪里都带着枪。凌晨2点偷偷查看自己的公寓，他会猛地拉开淋浴帘，害怕里面藏着袭击者。他的家人、朋友以及他认识的所有人都视他为英雄，但他根本没有英雄的感觉。一点儿小事都会触发他。

有一次，他出门去车道上取报纸，看见一架直升机在他家屋子上方低飞，立即就认为他受到黑帮的监视。他感到非常恐惧，迅速跑回屋内，"砰"的一下关上房门。结果是，那架直升机在喷洒灭蚊药。

然后是他做卧底时染上的各种令人讨厌的恶习。他像犯罪分子一样满口脏话、挥金如土，以期从中获得归属感。他有暴力冲动，不断地用拳头在公寓墙上砸出小洞，然后不得不从凯马特超市买来廉价的带框装饰画将小洞盖住。（"来访的人不明白，我家墙上为什么挂着那么多艺术品。"他笑着说。）

鲍伯过着卡尔·罗杰斯（Carl Rogers）所称的"自我不一致"（incongruent）的生活，深受其害。[1] 人本主义心理学家、心理治疗法先驱罗杰斯将"自我一致"（congruent）定义为保持自我和谐或协调，自我不一致就是与真实自我相冲突。罗杰斯指出，自我不一致的人没有忠实于真实自我，因而必须竭力维持虚伪的自我认知。在个人的内心层面，鲍伯清楚这种自我不一致性具有多大的破坏性。

鲍伯的例子可能很极端，但肯定不是唯一。事实上，当今的美国正在鼓励自我不一致。欺骗和愤世嫉俗就是今天的现状。我们不指望陌生人会说真话，更不用说我们的领导者们。我们往往将诚实视为愚蠢和幼稚，即使我们愿意彼此诚实相待，也常常害怕自己招致批评。因此，我们不清楚自己的真实想法，而是关注我们在他人心目中的形象。"印象管理"是社交媒体给我们的特别赠礼：只需想想 Instagram 用户，他们明知道那不是真实的生活，却不断假装是真实的。不管你是否喜欢，我们的生活被无数的谎言、欺骗和虚伪击得千疮百孔。

我们过于习惯这种虚假的生活，甚至都没有真正注意到这种自我不一致带给个体和群体的伤害。自我不一致的生活通过社交媒体传达出

---

[1] 罗杰斯也是亚伯拉罕·马斯洛的信徒，后者因其人类需求层次理论而闻名于世。

"撒谎没事儿"这样的隐秘信息，进而招致更多的谎言、破坏性规范和恶劣的行为。

在这种"沃土"里，群体错觉开始发芽、扎根。它们不断延展自己的树冠，结出累累的谎言果实，破坏我们共享的现实，阻碍社会进步幼苗的生长。最糟糕的是，这些群体错觉正在扭曲我们理解自己和他人的能力，引发更多的群体错误，驱使我们进入亨利·戴维·梭罗所说的"平静而绝望"的生活。

我们是如何到达这个关口的呢？答案同样在于我们大脑的生物机制以及我们个人想法和行为的社会基础。我们往往认为，我们的看法是锚定我们身份的坚实河床，然而，它们实际上是由很多看不见的、运行于我们意识想法之外的社会和认知过程塑造的。在我们大脑深处的潜意识中，认知失调引起的不适感会引导我们合理化自己的行为并最终指导我们的行为。

事实上，认知失调甚至会促使我们对自己撒谎，以便降低心理冲突引起的不知所措的感觉。我们在客观上知道是真实的东西与我们感觉或希望是真实的东西发生冲突，随之而来的，就是我们的想法与我们的行为之间的战争。通常，如果前者不让步，我们就会本能地调整我们能让步的地方。我们会朝某个方向逐渐推移想法，借此消除这种难受的内心冲突，让自己感觉自我更一致。

问题在于，自我形象与自我利益之间的这种心理平衡过程也会改变我们的行为。我们通常认为是客观论证出的东西一点点地发生转移和扭曲，重塑合理性，以符合与真实自我不一致的想法和行为。接下来就是我们用来合理化欺骗行为的各种借口。很快，我们开始完全免除自己的责任，将我们所做的事情归咎于他人。我们通过巧妙地"重组"我们做过的事情及其原因来合理化我们的行为。这很容易变成习惯，继而变成规范，很快，我们会发现自己为越来越多的冒犯行为进行逻辑辩解。

滑坡效应

杰森·布莱尔（Jason Blair）曾是《纽约时报》的一名记者，被爆出抄袭和编造虚假新闻后于2003年辞职。他将自己的经历描述为认知失调引发的"滑坡效应"（slippery slope）。正如2012年他告诉哥伦比亚广播公司新闻部说："一旦你意识到你可以侥幸得逞，一旦你越界，不知为什么，你就不得不为自己寻找合理的理由，说，'我是个好人，我做了这件事情。所以，这一定没问题。我一定要把它做好'。于是，做这件事情就变得容易多了。"因此，最初的小犯规如雪球般越滚越大，导致道德冷漠和不端行为的合理化。

事实上，研究发现，被试者逐渐暴露于越来越严重的不道德行为（或者"滑坡效应"产生的条件），其出现这些行为的概率会增加两倍以上。总之，只要我们可以合理化自己的行为、维持正派人的自我假想，我们就会继续做错事，直到被抓住。

还记得第2章提及的那个实验吗？被试者谎称那个测试很有趣，就可以得到1美元或20美元的报酬。对于这个事实上非常乏味的实验，得到 1 美元的被试者的看法比得到 20 美元的被试者更为正面。实验实施者利昂·费斯廷格总结说，获得 1 美元的被试者对现实进行了重新解读，以便为自己的谎言找到合理的理由。

"正如饥饿感会促使一个人吃东西，认知失调也会促使一个人改变自己的观点或行为。"费斯廷格写道。当我们为了个人小利而做出不协调的行为——就像我们说出善意的、自认为没有伤害的谎言——我们就更容易内化这些行为背后的想法。我们几乎毫无察觉，它们就变成了习惯。

你的大脑随时都在以某种方式迫使你同真实自我保持一致。但正如鲍伯所清楚的，长期欺骗会让人精疲力竭。每天，他都要耗费大量脑力完成扮演游戏，既做卧底特工，又做黑帮分子的朋友。他不知道的是，每当他不忠实于真实自我，警钟就会响起，向整个神经网络发送报错信号。他的大脑"加班工作"，随时都在朝两个方向掩饰，因此，他失去了放松的能力。他变得过度警觉。这种欺骗需要一套无缝的认知反应和互动体系，心理学家称之为人脑可以处理的最高级的心理活动之一。撒谎只需编造一个虚假的答案，而欺骗既需要掩盖事实，还需要编造虚假事实来主动误导他人，这个过程迫使我们的大脑持续开足马力。

做卧底工作，鲍伯要欺骗他人，凭借的是长期记忆和认知控制，其他的心理过程竭力地整合和平衡他编造的谎言和他真实的感受。因此，鲍伯处于高度焦虑的状态下，他的大脑不但要调节情绪，还要更有意识地控制自己的决定和行为，以此努力地隐藏自己的欺骗行为。维持这种虚假身份对他大脑提出的要求，比简单服从命令或撒谎要高得多、复杂得多。[1]

哥伦比亚大学神经学家乔伊·赫希（Joy Hirsch）同《连线》杂志科

---

[1] 在一项研究中，被试者针对他们真正相信的东西误导他人时，他们感到肮脏和不道德。备感烦恼的他们想办法通过身体动作清洗自己的罪过感，积极地融入他人，以弥补自己对真实的背叛。

普作家斯蒂夫·西尔伯曼（Steve Silberman）的一次会面，揭示了不协调性影响我们大脑的真实强度。2006年，西尔伯曼答应接受测谎实验——使用的不是那种结果不准确、容易被骗子高手蒙混过关的测谎仪，而是基于功能性磁共振成像技术的新仪器。

在测试的第一阶段，西尔伯曼想了一段有关个人生活的内心独白，仿佛是在脑子里对着"会心灵感应术的审问官"说出这段文字。

然后，收到信号后，他开始在心里默默撒谎。他心想："我从未结过婚。我在得克萨斯州上高中时交过一个女朋友，名叫琳达。我还记得，那天晚上，我站在她父母家门口，她和我分手了。"实际上，西尔伯曼是在新泽西州长大的，上大学后才交了第一个女朋友，2003年有了幸福的婚姻。

实验表明，西尔伯曼对自己说实话和撒谎时，其大脑的功能表现明显不同。他说实话时，与情绪、冲突和认知控制相关的所有脑区都是安静的（这些神经中枢也负责"战斗—逃跑"反应），然而，他撒谎时，这些脑区因为活跃而发亮。

这项研究还表明，不管你相信的是什么，你的大脑都更清楚，而且还会"记分"。换言之，你可以随意对自己撒谎，但你永远无法逃避自己的内心判断。[1]

在潜意识层面，鲍伯清楚撒谎的后果。"过着骗人的生活，同那些明知是犯罪分子的人结交朋友，我不为自己感到自豪。"他说。失去了同以前生活的大部分联系后，他饱受自我怀疑的煎熬，甚至质疑自己的自我价值。等到黑帮分子——有些和他成了真正的朋友——最终被捕后，他那三年不协调的生活已经把他折磨得精疲力竭。

---

[1] 科学家们发现，外侧前额叶皮层受损的人更容易为了赚钱而撒谎。因此，外侧前额叶皮层的输出可以帮助我们做正确的事情，即使是撒谎对我们有利的时候。

自我价值感缺失

1996年，我生活的核心符号是一辆破旧的、锈迹斑斑的家用雪佛兰车。该车后座地板上有一个洞，大得都可以看见下面的公路飞驰而过。开车时，我们必须告诉乘客将双脚放在座椅上，以免踩进洞里。

小时候，我的日子很难过。虽然我家关系稳定、充满爱，但我在学校的表现很糟糕。上初中时，我的成绩太差，老师都不允许我参加体育活动，这可是我真正喜欢的事情。我甚至都没有顺利毕业。

尽管我已倾尽全力，但我碰到的一切就像那辆旧车一般散架了。21岁时，我有了妻子和两个孩子，我无法养活他们。除了我在犹他州奥格登市一家面包店挣得的那点可怜的最低工资，我们还得靠福利救济和食物券生活。用俗话说，我太衰了，什么事儿都找上我。

就像是一个自我应验的寓言，我的无能感、自我厌恶感和自我不一致感让我受到他人的拒绝和排斥。我几乎没有任何朋友。而且，我还是一个不错的"变色龙"，我不断地迎合身边的人，期望从中找到归属感。和摩门教徒在一起，我就假装自己也信教；和运动员在一起，我假装自己喜欢运动；和硬汉在一起，我也假装成硬汉。我随时都在找借口，把自己所犯的错误都归咎于他人。我故意装酷，假装毫不在乎自己是一个失败者。还没成年，我就很少有自我价值感，对改过自新不抱任何希望，认为提升自我、赢得他人尊重的任何努力最终都会彻底失败。

"可是，你那么聪明！"人们如此般告诉我，眼里闪烁着智慧的光芒，"只要你真正努力，肯定会成功！"他们的失望只会让我感觉更糟糕。我感觉自己像是个黑色笑话：比做一个失败者更糟糕的是什么？做一个**聪明的失败者**。我最好的防御是说一句"管他呢"，然后决定在前额顶一块"聪明的失败者"的霓虹招牌。我是一个挥霍了自己潜能的家伙，一个永远只是聪明的失败者的人，我接纳这个身份。[1] 我知道我的生活出了问题，但我不知道如何解决。我已经放弃了希望。

后来有一天，在那家面包店午休时，我溜达进了帮诺（Barnes & Noble）书店的自助服务区。我从书架上随意取下一本书，是心理学家纳撒尼尔·布兰登（Nathaniel Branden）的《自尊的六大支柱》（*The Six Pillars of Self-Esteem*）。这本书看上去很有趣，但我没钱购买，于是就坐在那里读了起来。布兰登解释说，拥有自尊就是"相信自己的内心，知道人值得快乐"。

书中有一段话很特别，让我深受触动。"自尊是一种亲密的体验，它处于一个人存在的核心地位。自尊是对自我的看法和感觉，不是其他某个人对我的看法和感觉。"布兰登写道，"自尊的最终来源，是也只能是自己的内心——来源于我们做什么，而不是他人做什么。如果我们从外

---

[1] 大脑扫描能显示这个是如何实时发生的。社交拒绝会使低自尊者的大脑（内侧前额叶皮层和腹侧前扣带皮层）情绪管理能力下降、社交性痛苦加重。同样的社交拒绝对高自尊者的大脑触发的痛苦更少、持续时间更短。

部、从他人的行为和反应中寻求自尊，那我们就是在自寻悲剧。"

我以前总认为，我的自我价值来自依从他人的看法，但这个心理学家的说法恰好相反。他解释说，如果坏事发生在我的身上，我不能怪谁，只能怪自己。我是造成自己痛苦的原因，因为我背叛了诚实的自己。当我认真思考了这个人说的话后，我感到豁然开朗：我的生活一团糟，不是因为我生来就是失败者，而是因为我内在的想法同我外在的行为不一致。这个观点太新颖了，我激动得全身战栗。如果这个虽然聪明但穷得可怜的失败者并不是真正的我呢？我需要认真地审视自己的信念系统。

经过惨痛的教训我才明白，未能达到自己的个人标准是如何侵蚀自尊、使人遭受更大风险的。意识到我从未全面仔细思考过自己的信念后，我开始写日记，这种做法产生了令人惊讶的治疗效果。[1] 在日记中，我质疑自己的从众行为。我回顾自己擅长什么、在哪里跌倒、如何以及在何种情况下对自己撒谎。我开始明白，当我收到负面反馈时，我很难释怀。我终于明白我为什么会感到内心冲突，为何如此渴望被那些我并不真正在意的人接纳。

慢慢地，我开始接受"可以寻求帮助"这一事实。我开始质疑。不知不觉中，就像是蜕皮的蛇，我蜕去了自我不一致的、从众的、聪明失败者的旧生活，长出了一个闪亮的新我。我获得了自信。我感到充满真正的希望。最终，我告诉自己："现在，我可以做出明智的选择了。"我长大后第一次体验到由接纳自我带来的那种平和感。

我终于明白：自我价值感和自我一致感是一回事儿。

---

[1] 心理治疗师发现，让人们写下自己的核心价值观，有助于拓展他们对自我和可用资源的认知，强化正直感和自我联系。心理学家指出，随着这项训练对行为、自我反思和社交互动产生作用，假以时日，自尊就会增强。

卡尔·罗杰斯指出，一个自我一致的人是开放的、真诚的、接纳的、共情的、真实的。这种人可以达成亚伯拉罕·马斯洛（Abraham Maslow）所称的"自我实现"（self-actualization）：完全发挥自己的潜能（也是马斯洛需求层次中的最高需求）。通俗地说，当你过着自我一致、符合个人价值观的生活，你会体验到更强烈的自我满足感。你会更加快乐。

过上自我更一致的生活后，我获得了高中同等学力（GED）。我上了大学，攻读心理学专业，并以最优异的成绩毕业。距离走进那家书店又过了5年多后，我迈进了哈佛大学研究生院。2007年的一天，我的人生在面包店陷入低谷的11年后，我穿上了袖子上有三道黑色丝绒条纹的红色长袍，获得了博士学位。如果我将这个故事告诉那个"聪明的失败者"，他肯定会认为是天大的玩笑。

关于我的故事，就讲这些；我们还是来看看数据吧。

我的"民众智库"研究表明，人生真正成功的方法是忠实于自我。事实上，"成功"与盲从他人的想法毫无关系。成功完全是个人的事情。参与我们研究的5000多人中，对于个人成功的意义，没有任何两个人给出相同的答案。事实上，让你感觉自己似乎过着"成功"生活的那些东西，同你自己的拇指指纹一样独一无二。这意味着，获得成功的唯一的、真正的方法是提升对你个人来说最重要的那些东西而不要理会其他任何的想法。成功就是保持自我一致。

自我更一致，意味着要拒绝遵从那些告诉我们"成功"就是金钱和名望的各种幽灵。它也意味着提升值得信赖的能力、拥有更好的人际关系、获得更大的生活满足感，以此积极地提升幸福感。"民众智库"的研究表明，增加20%的时间去做那些能带来个人回报感的事情——园艺、和宠物一起玩耍、弹奏音乐、同子女和孙辈共度美好的时光、享受巧克力冰激凌（而不是其他某个人最喜欢的香草冰激凌）等等——**就可以提升生活满足感，这种感觉就像是获得了 50% 的加薪。**

请暂停一下，仔细想想最后这句话。

我们还发现，那些在他们认为他人希望他们去做的事情上——赚很多钱、购买豪宅、成为 YouTube 名人等等——获得成功的人，并没有在生活质量方面获得这种"红利"。

当然，要沿着自己的道路前进，这说起来容易做起来难。这个问题和我们学习新东西的方式有部分关系。如今，即使你不知道如何做某件事情，比如更换厨房抽屉的滑道，你只需上网查查，就可以一清二楚。但如果你是在车间，有几个人正在维修厨房抽屉，你会怎么做呢？

很自然，你会模仿他们。做某件事情，你知道得越少，你对自己的知识和能力就越不自信，也就越依赖于模仿他人。个体甚至是群体如果觉得自己缺乏知识或技能，就更容易模仿重要人物的行为，不管被模仿的行为是好是坏，都会如此。事情正是由此变得更恐怖，因为如我们所知，模仿陷阱会直接导致群体错觉。

经济学家已经证明，你的自信感每增加一个增量，他人行为对你影响的分量就会下降到原来的三分之一。同样，你的技能越提升，你模仿他人的可能性就越低。你对社会反馈的敏感性会降低，你的自尊、健康和快乐感会增强。这些都会增强你的心理免疫系统，不但使你在面对逆境时更有复原力，而且还能降低你患上抑郁症、焦虑症和饮食失调症的可能性。

这种自我提升要比想象的容易得多。事实上，通过积极学习和练习，你就可以提升自我一致性，就像你通过维修厨房抽屉而获得技能和信心一样。事实证明，我们的大脑是为自我一致的生活而定制的。

我们不是纯粹的功利主义者

"经济人"理论（Homo economicus）指出：人都是"经济人"，主要是为了自利而做选择。果真如此的话，如果人们可以撒谎而又不会受到任何惩罚，那情况会如何呢？知道可以逃避惩罚，你我会仅仅为了自利自肥而欺骗他人吗？

为了回答这个问题，有个研究团队做了一项实验：他们打电话到德国人家里，请他们掷硬币。掷到硬币反面的参与者可以获得礼物券；掷到硬币正面的参与者什么也得不到。从纯粹的经济学角度讲，所有的参与者都应该选择撒谎来使自己的利益最大化，因为掷到硬币反面就能赢钱，而且不用付出任何明显的代价。他们也绝不可能被发现说谎，因为电话另一头的实验人员无法看见硬币。参与者完全不受外在评判的影响。那为什么不是每个人都撒谎呢？因为事实证明，他们会自我评判。

实验的结果并不是100%的硬币反面，相反，硬币正反面的比例均为50%左右，正面略多。因此，虽然撒谎没有任何有形的不利影响因素，所有或大多数参与者似乎都给出了诚实的答案。

研究人员总结道：同"道德操守在金钱刺激面前会崩塌"这一愤世

嫉俗的普遍臆说相反，很多人实际上都"对谎报个人信息感到内在的厌恶"。事实上，保持自我一致，可以给予我们美妙的多巴胺，我们不但会更快乐，还会更喜欢社交，对他人也更公正。就像是某种吐真剂，撒谎这种无形的、不可避免的心理代价和诚实的种种益处促使我们说真话。

欺骗他人会触发我们大脑发出破坏性的"当心！"信号，而说真话则相反。我们天生就渴求根植于生存需要的自我一致、信任和分享。如我们所知，催产素可以增强社会依附度。从游牧和穴居世代起，婴儿、不同的家庭成员，甚至整个部落的生存都依赖于共享资源和食物。擘饼礼（breaking of bread）不只是一个普通的节日仪式，数百年来，它还促进了群体成员之间的亲密关系。就连幼小的婴儿都能意识到公正性，能分辨好的行为和坏的行为。哪怕只有3个月大，婴儿更喜欢的都是"友好的"木偶角色而不是"吝啬的"木偶角色。1岁时，他们开始懂得每个人都应该分得等量的小饼干。

成人的大脑仍然保留着这种延续公平善行的偏好。只需认为自己是一个行善之人并付诸行动，就会激励我们今后做更大的善事。

在一项有偿研究中，被试者为100名大学生，他们写下自己过去做的好事清单，然后被要求捐钱给慈善事业，结果，他们平均捐出的金额超过他们从此项研究中所获报酬的一半——几乎是那些被要求回忆自己过去所做坏事的人或那些参加中立性交谈的人所捐金额的两倍。此外，那些不但讲述自己如何帮助他人，还尽力讲述他人作何反应的被试者所捐的金额，大大低于那些只讲述自己所做好事本身的被试者。换言之，那些关心外在——不但是善行本身，还有善行的影响——的被试者不如那些更关心善行本身的被试者慷慨。

有意识地回想自己如何帮助过他人，可以提升你对自己作为道德人的认知，从而使你更可能继续帮助他人。然而，反之亦然：如果你认为自己不诚心，那你更可能假意或违心地帮助他人。

对抗"从众偏误"的第一步是明白自我一致性是一种神圣的美德。我们深信的那些个人美德——诚实、正直、慷慨、共情等等——可以超越社会规范。它们定义了我们的真实自我。我们紧紧拥抱这些美德，不是因为他人拥有这些美德，而是因为我们无条件地相信这些美德。它们让我们像鲍伯那样，看着镜中的自己说："我是一个正直的好人。"

归根结底，我们并不是纯粹的、功利主义的经济人，原因在于：即使不是出于自己的利益，我们也会自我一致。我们倾向于说真话。我们的大脑具有社群亲和性，这种亲和性驱使我们更喜欢自己和他人的真诚的行为。简单地说，比起撒谎，诚实的感觉更好。

选择真诚，还是选择真实

当然，自我一致性的"斗争"并不是什么新的东西。事实上，数百年来，人类社会一直都在努力战胜个人真诚与社会错觉之间的对立。

在莎士比亚的戏剧《哈姆雷特》中，老迈的御前大臣波洛涅斯对他的儿子雷欧提斯说："最重要的是，你必须忠实于自我；正像有了白昼才有黑夜一样，对自己忠实，才不会对别人欺诈。"波洛涅斯的这些话颇具讽刺意味，因为他自己就是一个步履蹒跚的老糊涂，经常撒谎，躲在挂毯后面偷看，最终，这个毛病要了他的性命。不过，作为一位父亲的忠告，他的这个提醒并没有错。

保持自我一致或忠实于"自我"的确切意思是什么呢？在英语中，这种品质可以分解为两个词："真诚"（sincerity）和"真实"（authenticity）。

在西方文化中，至少从亚里士多德时代起，真诚——被定义为"不假装、欺骗和虚伪"——一直都被认为是道德生活的绝对核心要素。这个词来源于拉丁语词"sincerus"（意谓"干净、健康、纯洁"），指的是：培养和拥有自我一致性，对他人公开宣称的话同自己内心实际感受保持一致。在古代，它被用来指称那些没有破损、伪造、修补或掺假的物质

（因此，当一群斯巴达人打开一瓶有瓶塞异味的葡萄酒，就会说这瓶酒不"真诚"）。16世纪初，新教改革者（以及后来的清教徒）首先开始将这个词用于道德术语。因此，一个人生活得真诚——关注内心，不关注外在——就是培养一种令人钦佩的生活方式，远离当时与天主教会有着极强联系的虚伪和谎言。一个真诚的人，所言所行因而都与其信仰相一致。

法国文艺复兴作家蒙田（他受到古罗马政治家塞涅卡的启发，也影响了莎士比亚）进一步论述了真诚这一美德。在蒙田看来，真诚就是自我觉察。"当我向自己忏悔时，"他写道，"我发现，我拥有的最大美德也散发着邪恶的气息。"也就是说，真诚不但需要诚实，还需要公开承认个人和社会的不完美之处。蒙田的散文刻画了这样的一个人：努力忠实于自我，努力在当众和私下都呈现出相同的自我。

从此，西方文明就与真诚建立起奇特的关系，左右摇摆，有时把它珍视为美德（甚至作为公民道德），有时又将它摒弃，认为它比欺骗更离谱、愚蠢和幼稚。在反对者和马基雅维利等文艺复兴哲学家看来，只有笨蛋才会真诚——不过，假装真诚是一种操纵手段，可以让你达成目标。

在法国路易十三世及其同名儿子"太阳王"（路易十四）时期，虚伪和欺骗"进化"成了高雅艺术。真实让位于硕大的扑粉假发、浓妆和高跟鞋；它还被"充军"为荒唐可笑、华而不实、专横跋扈的种种规范，确保在任何事情上都服从权威，从个人卫生到敲国王房间的门（要用专门为敲门蓄留的粉红色长指甲刮擦门框）。启蒙运动初期，伏尔泰取笑"老实人"幼稚的真诚，在小说的结尾处，将他的这位主人公固化为更像是一个现实主义者。

然而，哲学家、作家、日内瓦人卢梭对真诚拥有更崇高的计划，并最终将这一美德提升到了全新的高度。他和他的那些浪漫主义者同行认为：保持真诚、保持自我（内心和灵魂）一致是最重要的事情。在他们的世界中，真诚在古代的"干净、健康、纯洁"意义成为一种道德观，也是发自内心深处的个人责任。在大洋彼岸的美国，本杰明·富兰克林紧随其后，将对真诚和自我一致的敬畏感注入了我们的民主的根基里。

对真诚美德的这种理想化很快就式微，更受青睐的是挖苦、虚假、讽刺等更令人兴奋的风格。早在"它被露天开采为淤泥之前"〔《纽约时报》专栏作家劳拉·基普尼斯（Laura Kipnis）所言〕，真诚美德就过了鼎盛时期，"赋闲"在外。

相反，我们现在会说保持"真实"，这个词语的道德意味更弱，指的是要真，不要假。真实听上去不错，但它不一定是道德行为要求。一个真实的领导者——商业文献中大家赞赏的人——是名副其实的、自律的、有自我觉察力的、价值观驱动的。

然而，真实与美德毫无关系；一个真实的人可以具有好的或坏的价值观，正如一个人可以是真的好，也可以是真的坏。守财奴斯克鲁奇（狄更斯小说中的人物）在受到三个小精灵的感召而转变之前，他忠实于"魔刀石上的拳头……如燧石般坚硬而锋利"这一自我形象。如查尔斯·狄更斯笔下所表现的，这种对金钱彻底的、不知悔改的虔诚是真实的，因为它反映的是现实。但不能因为这是真实的，就证明他就是一个好人。

真诚已经逝去，而真实又存在不足，那我们该何去何从呢？

"诚"——源自中国的概念

早在西方的古代哲学家们纠缠于"真诚"这一概念的数百年前,"诚"（Cheng）的观念就已经出现。中国圣人孔子（生于公元前551年,比亚里士多德早167年）提出的这个概念更为复杂,它结合了个人的自我一致性（或自我和谐）与我们对他人的义务。

克莱姆森大学汉学和哲学教授安彦明（Yanming An）指出,"诚"不只关乎一个人同自己和他人的关系,还关乎他同整个宇宙的关系。浪漫主义者将"真诚"颂扬为忠实于自我（内心或灵魂）,而"诚"较少强调自我的独特个性,而是强调整个人类所共有的基本特性。事实上,"诚"对个体性和社会性不作区分:"诚"要求我们同时忠于自我和他人。

所谓"诚",是指信任和真诚（或接纳共享的现实）,是保持内心感受和当众行为之间的一致。"诚"包含了信任,因而肯定会给我们自己和社会都带来积极的后果。从根本上讲,"诚"是无私的、高度负责的,"任何时候、任何地方都有利于所有人"。安彦明的话值得在此引用:

> 其强调的重点是共同性,是双方对社会问题的理解存在差

异但依然彼此"尊重"……道理如此：无论你信仰什么、在我看来是否正确，只要你对待自己的信仰的态度是诚实的，你就值得我尊重和钦佩。这里的关键，不在于我接受你信以为真的内容，而在于我尊重你对待诚实的态度。你信仰的东西和我不同，但你的态度凸显了我们之间的共同性。

他还写道，"诚""从一开始就是一种独立的价值观，是所有其他美德的根基或基础，是解决知行矛盾的唯一路径。从本质上讲，'诚'排除了任何'真诚地做坏事'的可能性，因而理论上永远不会导致负面的社会后果"。

这就是"诚"成为公民道德的原因。事实上，它非常接近于本杰明·富兰克林在美国建国期间努力确定的那些东西。虽然富兰克林不熟悉"诚"，但他认为真诚绝对是共和国政府不可或缺的东西，因为它同马基雅维利主义是根本对立的。在他看来，最美好的社会是这样的社会：人们公开地相互交流自己的动机。在他的《13种美德》（1730年）一文中，富兰克林谈到真诚时建议读者"不要恶意骗人。以善意和公正为思考的出发点，而且说话也应该如此"。

遗憾的是，对我们的民主而言，富兰克林的这些话就如同他的着装风格，早已流逝、过时。但只需想象一下，你在当今世界中拥有老练但绝对诚实的名声。你便是"诚"的体现，真诚、值得信赖。你拥有他人知道他们可以信赖的那种正直。对所有那些更关心诚实而不是保护自我或遮蔽错觉的人来说，你将成为一种巨大的资源。你的"诚"不但会为你赢得尊重和持久的关系，还有助于打破群体错觉、恢复共有现实，从而有益于群体。你和他人越确认这一共同基础，你的人际关系和自尊就会变得越强大。依照真实自我去行事，发挥你最大的潜能，你就可以迈向马斯洛所说的"自我实现"。

"诚"是一种飞轮，给所有人和整个社会带来巨大的益处。今天，就在我写这句话时，我相信我们正处于拐点。你可以说我是理想主义者，但如果以历史为指南，那我们也许正在从长期的虚伪转向某种反思，并最终盛开出全新的、更自我一致的"花朵"。

自我一致能为你带来什么

鲍伯·德莱尼长期沉沦于新泽西海岸那个黑暗而肮脏的地下世界之后，他花了很长时间才彻底转变回以前的自己。

"阿尔法计划"结束后，鲍伯的一位拥有心理学学位的特工同事注意到一些危险信号，于是邀请他聊聊自己的经历。鲍伯还将自己的痛苦挣扎告诉了他以前的一位心理学教授，这位教授给他正在经历的痛苦冠名为：创伤后应激障碍（PTSD）。鲍伯对自己的黑暗生活谈得越多，他慢慢就感觉越好。

经过几年的努力，鲍伯逐渐适应了更自我一致、类似于"诚"的新生活。起初，改变那些恶习很困难，但他严格地、毫不留情地探究自我。他几乎读完了所有能找到的自助书籍，他从读过的每一本书中都找到了部分自我。他同镜子中的自己对话。他反复告诉自己：他经历的一切都是不正常的，他其实是一个好人。他发现，"波比·科特"和鲍伯·德莱尼之间这些反思性交谈让他感到释然。他几乎能感觉到自己在黑帮染上的那层旧皮正在蜕去。"就像是学习雪地驾车，"他说，"朝着汽车旋转的方向打方向盘完全是反常的，但经过练习就会变得更容易。"

鲍伯心里清楚，这种自我确认的过程有助于建立他的自尊。他还做了很多笔记，这些笔记后来成为他创作书籍的素材。在他讲述自己黑帮经历的一部回忆录中（《隐秘的科特：我的黑帮潜伏岁月》），鲍伯写道："虽然长期生活在黑白颠倒的黑帮世界里，但我发现自己仍然在寻找平衡和意义。我发现我要寻找的……就在我年轻时候的硬木地板上。"

鲍伯一直喜欢运动。大学期间，他参加过全美篮球比赛，踏上篮球场的那种兴奋感从未远离过他。他发现重新回到篮球场具有治愈作用。"打篮球有规则和边界，这有助于缓解我的超警觉状态，打篮球可以释放内啡肽，"他回忆道，"我对篮球的激情让我进入了完全不同的职业。"

鲍伯减掉了他作为科特时增加的30磅体重，开始担任志愿裁判。他成为第194届国际篮球裁判协会理事会会员，担任新泽西州中学篮球比赛的裁判。他发现自己找回了快乐，终于感觉自己摆脱了卧底生活，获得了某种轻松感。

一天晚上，新泽西海岸夏季篮球职业联赛主管找到他，建议他报名担任比赛裁判。最终，鲍伯引起了美国职业篮球联赛（NBA）裁判主管达雷尔·加里森的注意。他说："到了20世纪80年代中期，我终于跳出了黑帮圈子的阴影，进入了体育聚光灯下的裁判圈子。"

鲍伯找到了自我革新的道路。他提前从警察岗位退休，成为一名美国职业篮球联赛（NBA）裁判。他获得了领导学硕士学位。他开始给创伤后应激障碍幸存者们传授如何同自己的可怕经历和解。他婚姻幸福，出版了两部书籍。他一路晋升，最终成为美国职业篮球联赛（NBA）副总裁和裁判主管。他荣获了诸多奖项，包括2020年度的全美大学体育协会（NCAA）最高奖——"西奥多·罗斯福奖"。

如今，鲍伯成为我的好朋友，过着非常幸福的生活；他的成功历经了漫长的道路。70岁的他精力充沛，成为榜样人物：只要我们远离欺骗和虚伪、保持自我一致和"诚",我们的生活就能发生改变。

  身处政治极化、社会冲突以及急剧变化的数字科技等"完美风暴"中,我们每个人都有道德责任去以鲍伯为榜样。不管我们现在生活如何,都要开始保持个人自我和公共自我的一致,这一行为永远不会迟。致力于保持自我一致,你不但可以发挥自己的潜能、过上更为美好的生活,还能成为这样的人:不再助长群体错觉,并且通过自己的诚实美德帮助消除现有的群体错觉。换言之,培育自我一致的美德确实是一种双赢的决策。事实上,这也是我们为自己、为他人所做的极大贡献。

第 8 章
信任陌生人

人类社会能团结一致，
不只是因为共同利益，还是因为相互信任。

——亨利·门肯（H. L. Mencken）

如果你对外界失去信任感

　　大约是在我开着那辆地板有大洞的破旧雪佛兰车的同一年，我找了一份工作，是给居家病人灌肠。虽然这份工作很糟糕，但我觉得比在面包店工作更好，因为报酬相当高，时薪为 7 美元（当时的最低工资为 4.25 美元）。我的妻子销售血浆，能补充一部分收入。我俩还共享一条送报路线，轮流隔天送报，需要很早起床将报纸扔进人家的车道里。我的父母不仅帮我支付夜校学费，还要供养我年幼的孩子们。我知道，我的家人不能再为我付出更多了。

　　我这辈子从未那样贫困和绝望，但我也有傲气。我讨厌接受任何施舍。

　　然而，我的父亲最终给我提供了一个视角，使我更容易接受我们急需的政府帮助。他告诉我说："托德，社会福利存在的目的，就是帮助你和你家人这样的人。它不是施舍。你得把它看成是投资。看看你周围的邻居们。他们是纳税人，他们拿出自己辛苦挣得的部分金钱投资到你这样的人身上，这样你就能提升自己的生活。你暂时接受他们的帮助，以后有责任去回报更多。"

想到这个聪明的建议，我感觉好多了，开始接受每月的食品券配给。但使用食品券购买食品并没有变得更容易。为了避开陌生人的审判目光，我和妻子尽量深夜去购物。每次走到收银员面前，我都感到恐惧，因为我们必须清点哪些是允许用纳税人的金钱购买的商品（包括婴儿食品、配方奶粉、牛奶、奶酪、麦片、水果、蔬菜、鸡蛋和花生酱，而且只限于某些品牌），哪些是我们必须自己掏钱购买的商品。[1]

我永远无法忘记那一次，我要为我蹒跚学步的小纳森购买大瓶的花生酱（他很喜欢吃这个东西）。那天晚上食品店人潮拥挤，收银台排起了长龙，顾客们疲惫且不耐烦。收银员开始扫描我用食品券购买的商品，她拿起那瓶花生酱，瞪了一眼它，然后又瞪着我。她大声吼道："你不能用食品券购买大瓶的花生酱！"她最好用广播系统广而告之。

我恨不得钻进地缝。她仿佛是在给我那本已痛苦不堪的良知上撒盐。无数双眼睛盯得我满脸灼烧，我感觉自己在接受那位收银员和其他所有人的审判。我是一个不可救药的"索取者"。[2]

从那以后，我们开始去另一家食品店购物，专门挑选一位收银员结账，因为我们知道她很善良。她逐个扫描着政府允许购买的商品，富有同情心地对我们点头。她小声地向我透露说："我知道你的感受。我也在领食品券。"从此，我们就去她那里购物，而且注意在她当班的时候

---

1 疫情期间，有些母亲和儿童缺乏食物，因为"妇女、婴儿和儿童补充营养特别计划"允许他们购买的折扣食品供应不足。他们被迫去几家不同的超市寻找可以购买的食品——时值疫情期间，你被解雇，孩子只能接受远程教育，婴儿在后座饿得直哭。这会让人感到多么懊恼和气愤。
2 负责管理食品券计划的联邦政府官员们监管着数十项重叠的福利计划，他们从行政管理费中挣得6位数的薪水。一位布鲁金斯学会会员写给美国农业部的报告指出，食品券上印着的每一美元中，就有16美分用于"食品券计划"的管理。

才去。

除了其他事情,联邦政府食品券计划的使用经历也告诉我:制订这项计划的官僚们不相信我会给自己的孩子们购买"正确的"食品。[1]虽然我对此感到非常愤怒(现在依然愤怒),但我逐渐明白,这种不信任感是我们政府的一大特征,是不遗余力地去控制美国穷人。它是更大的、更深层次问题的一大症状:感觉人们普遍不能被信任。这种不信任观点在整个社会都根深蒂固,已经被固化为习惯和规范。其强化的谎言对我们个人和美国社会都极其有害。

我们并非生来就会怀疑。我们变成这样,是因为各种负面的经历以及我们从父辈继承而来的不信任体制。通过内化这些有害的怀疑,我们变成了自己痛苦的建筑师。

简单地说,自我一致只能来源于信任。如果我们不解决不信任这个大问题,我们就无法建造出我们都能自我一致地生活于其中的文化,就无法消除有害的群体错觉。那我们如何学会提升信任感呢?我们可以首先从理解我们为何如此怀疑他人开始。

---

[1] 根据"城市学会"(Urban Institute)的研究,2017年用于各种福利计划的3610亿美元中,96%是运营支出,包括计划监管以及拨款给医疗救助提供机构、非营利机构和向低收入者提供公共服务的私人机构。联邦计划包括:资助中低收入在职工家庭的收入所得税和儿童税收抵免;向有资格的个人或家庭支付现金计划,包括老年人、残疾人和失业者享有的"补充保障收入";为低收入者提供各种实物救助,包括"补充营养救助计划"(食品券)、学生免费餐、低收入家庭住房补助、儿童保育补助、家庭能源补助;救助被虐待或遗弃儿童等其他各种计划。运营支出最大的(81%)是医疗服务机构。

不信任偏误：家长主义的代价

我认为，我们不信任他人的根本原因在于家长主义。家长主义（paternalism）这个词派生于拉丁语，其定义是"出于善意或保护的目的而侵害某个人（或某个社会阶层）的自由或自主性的行为或做法"。简单地说，家长主义就是把他人当作需要被控制的孩子对待。今天，我们说某件事情具有"家长主义"，意思是，它不仅具有权威性和强制性，还显得居高临下。

当然，家长主义一直都存在。从柏拉图到康德，哲学家们就家长主义接受甚至提倡其为事物的自然等级制度的一部分；那些负责维持和提升社会秩序的人基本都被视为仁慈的独裁者。国王、宗教领袖、贵族和国家元首都代表着一种毋庸置疑的、主要是男性的统治权威，他们"懂得更多"，因而决定着社会最重要的法律和美德。

自从清教徒登上"普利茅斯岩[1]"以来，家长主义一直贯穿着整个美

---

[1] 普利茅斯岩（Plymouth Rock）又称为移民石，上面刻着"1620"的字样，据传是新移民涉过浅滩踏上的美洲大陆的第一块"石头"，供养在普利茅斯的港边。

国历史。尽管我们通常是在性别歧视和宗教压制等语境中想到家长主义，但它一直被用来替奴隶制辩解、控制移民、迫害美国原住民。

1911年，得益于弗雷德里克·温斯洛·泰勒（Frederic Winslow Taylor）的著作《科学管理原理》(*Principles of Scientific Management*)，美国的家长主义达到了新的高峰。该书于2001年被美国管理学会（AOM）提名为"有史以来最有影响力的管理学巨著"，奠定了泰勒作为"白领管理实践之父"的地位。它还一举使得家长主义被工业化，不信任被体制化。

泰勒认为，公司管理应基于科学和知识而非传统，他将这一创举称为"科学管理"。在更人道的人手中，这种转变可能具有积极的意义。但泰勒提倡科学管理的原因都是错误的。泰勒骨子里是精英主义者，他利用自己的权势地位塑造了大众的工业观，将他厌恶的工人重构为最薄弱的环节。

小时候，泰勒立志要上哈佛大学，但视力下降打乱了他的计划。从著名的菲利普斯埃克塞特中学毕业后，他无法再继续自己的学业，转而去学习一技之长。他作为学徒受雇于一家钢铁公司，公司的股东都是住在费城的泰勒父母的朋友，他一路晋升，很快就成为另一家公司的总工程师。他喜欢创新，推动了一系列的重大变革；离职时，他已经将该公司的生产率提高了一倍。

泰勒凭借自身所学继续施展抱负，巩固他在工厂工人面前的优越感。他的新管理理论是基于一条明确的界线的："受过良好教育"的股东们（寻求从公司压榨出"最大化的生产率和最大化的利润"）和"愚蠢的"工厂工人。因此，他认为根本问题是"工人的需求和雇主的需求存在着根本的矛盾"。泰勒对工人的评价充满轻蔑："适合铸铁工作的工人，其首要的必备条件之一，是他应该非常愚蠢、非常迟钝，他的脑子应该最接近于牛……他太愚蠢，'百分比'这个词语对他毫无意义，因此，他必须接受比他更聪明的人的训练，养成按照管理科学规则工作的习惯，然后才能胜任工作。"

泰勒认为，如果不加以严格管理，动物般的工厂工人本质上是没有价值的。于是，他设计出一套系统，尽可能地将工人变成机器，基于"科学"量化限制他们的一举一动。传送带的运行速度由工厂管理人员设定，其策略是追求生产率最大化，而不是基于怎样做对工人最合理、最可承受。一切都被量化、被精确计时。

查理·卓别林1936年主演的电影《摩登时代》对这种新的生产系统大加讽刺。在一个场景中，小流浪汉发现自己在工厂流水线上拧螺母，他因为工作速度不够快而受到老板的训斥。他吃力地跟上快速移动的传送带的节奏。一只蜜蜂在查理脸上嗡嗡作响，管理人员伸出一只肉乎乎的手，想帮查理拍打蜜蜂，结果却打在了他的额头上。查理无法跟上进度，就跳上了传送带，消失在机器里，在滚动的齿轮中被挤压，他变成了机器的一部分。从机器里出来后，查理变得精神失常，手里拿着两只扳手，到处追着去拧工友和管理人员的鼻子。他不再受社会规范的影响，袭扰妇女，侵犯私人空间，盲目地想要拧紧更多的"螺母"。他完全变成了一个"机器人"，但后果是灾难性的。

自从泰勒的这部著作于100多年前问世以来，世界各地的机构纷纷采纳、内化和吸收这种家长主义的管理方法。泰勒的管理方法不但让他自己的腰包装得满满的，公司老板们以及那些接受过科学培训的高层管理人员也从中获利。于是，"组织人"（organization man）诞生了（后来又诞生了组织女人），随之而来的还有成群的管理顾问、商学院以及《哈佛商业评论》（其创立使命是"提升管理实践"）。

泰勒主义不但被商界吸纳，还渗入了现代社会的运转之中。今天，几乎所有的美国组织和机构——学校、法院、监狱、企业、政府计划等等——的运营都基于这样的假设：不要相信被管理者可以自己做出正确的决策。

自上而下的泰勒主义无处不在，我们甚至都没有注意到它；它就是水，我们游在其中。如我们所知，我们相信什么决定着我们对现实的认知。因此，在100余年里，对于我们的工作、生活以及对待他人的态度，泰勒先生的"科学"方法已经和"万有引力"一样不证自明、毋庸置疑。

乔治梅森大学经济学家亚历克斯·塔巴罗克（Alex Tabarrok）研究了泰勒主义带来的种种后果，包括经济损失和严重的社会不信任。他指出，家长主义者更容易腐败。他们具有错误的零和思维倾向（比如，"蛋糕只有那么大，我分得越多，你就分得越少"）。这使得他们变得贪婪、自私，倾向于投资其他群体很难分享的"蛋糕"。他们还更容易做出有利于自己的财富再分配，从而降低了普通民众的信任感，对整个经济造成伤害。哈佛大学的研究人员对这个问题进行了研究，他们发现：塔巴罗克所称的"不信任陷阱"（distrust trap）是自我增强的，因为公务员和企业老板们更可能欺压他人。

受到泰勒启发的机构大佬们告诉我们说，我们不值得信任，于是，我们往往会吸收这种想法，将它变成我们自我形象的一部分。如果我们赞同这种家长主义的谎言，就会造成雪崩般的"不信任偏误"（distrust bias）：我们觉得自己不应该被信任，于是，我们就想当然地认为他人也不应该被信任。我们认为他人不值得被信任，于是变得怀疑他人、抗拒信任；但这反过来也意味着他们也不信任我们。于是，我们相互警惕，就像毒药一样反复循环于我们和他人的互动中，成为破坏性的、自我应验的预言。

在个体层面，这种"不信任偏误"也会加速自我的分裂。我们怀疑他人，这使得我们更容易掉入模仿、归属和沉默的陷阱。我们更容易受到同伴压力和阴谋论思维的影响，要保持自我一致是极为困难的。不信任感会伤害我们的人际关系、加剧焦虑和压力。它还会使我们更难清晰地思考，促使我们更小心翼翼、固执己见、生气易怒。这些特征扩展到整个社会，就会变得非常有害。

人人都可疑

信任有多种感觉。从根本上讲，信任就是对他人有信心。信任是认为他人能担任应有的角色、履行自己的职责。信任也代表着一种隐含的、不言自明的关于共享现实的"合约"。正因为如此，在美国任何地方过马路，你通常都可以相信我不会开车撞上你，哪怕你过马路不遵守交通规则。

开车上路，我们相信周围的司机会和我们一样遵守交通规则，这有助于保证我们的安全。去餐馆吃饭，你相信其他食客不会偷吃你的饭菜。如果我为你的房屋维修电力线路，我相信完成维修后你会支付我报酬。如果你是我的老板，我相信你会为我的工作支付合理的工资。每天无数人基于信任、相互保证的握手可以保护个体和群体的安全。

就像第一次开车上高速公路，信任就是让自己暴露于风险中。当你以65英里的时速[1]行驶时，前面的司机随时都可能猛踩刹车。但为了享受

---

[1] 约合105千米/小时。

高速公路的好处和便捷，你愿意冒这个风险。你相信其他司机是清醒和警觉的。不管是在公路上还是别的地方，每次我们的相互信任得到验证，我们都会确认我们共享的现实和彼此的关系。我们对彼此和机构的信任度是衡量社会健康与否的一大尺度。

泰勒主义对美国社会结构留下的黑色污渍，有助于解释为什么自1940年以来每一代美国人对他人的信任度都低于上一代人。[1] 皮尤研究中心2020年所做的一项调查研究表明：1997年，64%的美国人对他们的同胞很有信任感；然而，到了2020年，这一比例几乎下降了一半。2020年的大多数受访者还说，第一次见面时，他们不信任其他美国人。[2]

这一趋势指向了美国社会中存在的某些严重的结构性问题。在美国，信任已经名存实亡。2020年年底，《纽约时报》专栏作家戴维·布鲁克斯（David Brooks）在《大西洋月刊》发文指出："对机构缺乏信任是一个相当严重的问题；人们彼此缺乏信任，就是社会分裂的开始。"

在一份悲观的分析中，布鲁克斯列举了后果的严重程度：2020年，抑郁症患病率和自杀率上升至有史以来的最高点。2020年6月盖洛普公司所做的一项民意测验发现，美国人的民族自豪感比2001年首次进行此项民意测验以来的任何时候都低。"美国国家广播公司新闻网"和《华尔街日报》联合发起的另一项民意测验表明：71%的美国人对国家现状感到愤怒，80%的美国人认为美国"已经失控"。布鲁克斯写道："到2020年6月底，很明显，美国正在经受全面的合法性危机、疏离流行病以及

---

[1] 调查表明，美国人越来越缺乏信任感。今天的美国年轻人是对他人最不信任的群体。部分原因是：一个人随着年龄增加的变化情况以及他们和同代人共享的事件、社会信息和历史背景。一般而言，美国人年老后对他人更信任。

[2] 此外，根据定期评估美国人情绪和价值观的"综合社会调查"结果，1976—2006年，认为他人总体可信任的受访者数量平均下降了10%。

对现有秩序缺乏信任……不信任的'厄运循环'已经近在眼前。"[1]

不信任"流行病"已经严重到危及美国民主的地步。越来越多的美国人对臆想的威胁感到恐惧，喜欢政治极化和家长主义等虚幻的安全感。左翼和右翼权威人物（及其网上机器人）都愉快地拥护泰勒主义对身份和声音的压制方法，进而对极化和偏误火上浇油。

显然，如果我们想要一个更健康、更安全、更平等的社会，我们就需要恢复彼此间的信任。但要做到彼此信任，我们就必须消除这种折磨我们每一个人的群体错觉。

---

[1] 就在2021年1月20日乔·拜登总统就职典礼之后，"民众智库"确认了这些坏消息。我们的调查结果表明，82%的美国人认为，美国人与其说团结，不如说更分裂（41%的受访者说我们非常分裂）。

不信任错觉

2014年5月，乔·科内尔住在位于加州弗雷斯洛市的救世军[1]康复中心，努力戒掉毒瘾。他没有工作，他和他的妻子还拖欠房租和车贷。一天，布林克斯押运公司的一位卡车司机不小心将一个装有12.5万美元的银行钱袋遗留在人行道上，科内尔意外地发现了它。其他人可能因无法抵御诱惑而偷走这些现金，但科内尔将钱归还了银行。

事后，科内尔告诉当地的新闻台说，如果他拿走那些钱，他最担心的是那些可能会失业的人。"公司的存款……可能会关乎很多人的工作，谁知道呢？我只是觉得这样做是正确的。"他解释说，"我喜欢我的孙辈们认为我是哪种人？我希望他们认为我是一个正直的人……做了一件正确的事情。"

布林克斯公司奖励了他一张5000美元的储蓄卡，他的家人都感到非

---

[1] 救世军（The Salvation Army）是一个国际性慈善公益组织，以街头布道和慈善活动、社会服务著称。——编者注

常自豪。媒体很喜欢这个故事。但除了本人正直之外，促使乔·科内尔这样做的，还有社会信任的重要性。他知道不信任可能会对他人造成怎样的负面影响。

你也许认为乔是"稀有的宝石"。但你再想想，乔的故事远非个例。事实上，世界各地的人们每天都无数次地做正确的事情。尤其是你仔细看看家里，这种不信任错觉就会慢慢瓦解。为什么呢？因为我们每个人都和乔一样，每天必须看看镜子里的自己。

假设你在大街上发现了一个钱包，然后把它交给了附近邮局、警察局或博物馆的某个工作人员。你认为这个钱包物归原主或里面的现金分文未动的概率有多大呢？

《科学》期刊2019年发表的一项研究中，研究人员意图回答的正是这个问题。实验人员假装在大街上捡到了钱包，然后将钱包交给了全球350个城市里的前台工作人员。每个钱包都装有身份证、电子邮箱地址和食品店购物清单。有的钱包里没有现金，有的钱包装有13美元左右的现金，还有的钱包装有100美元现金。研究人员想看看那些接收遗失钱包的人是否会真的想办法联系"失主"。

他们有何发现呢？在几乎每一个国家里，人们都想方设法地归还了钱包。装有现金最多的钱包，他们甚至会更竭尽所能地归还"失主"。装有钥匙的钱包——只对"失主"有意义——他们归还"失主"的努力程度最大。

接着，研究人员展开了调查，邀请美国人、英国人和波兰人猜测没有现金、装有13美元或100美元现金的钱包物归原主的概率有多大。普通人和经济学家都认为，归还率最高的是没有现金的钱包，最低的是装有100美元现金的钱包。结果证明，事实恰恰相反。

很显然，这里有某种群体错觉在起作用。"在这项自然行为测试中，面对真现金，而且没人会看到他们的行为，但人们的道德顾虑会起作用，其重要性超过了他们从留下钱包中获得的物质利益，"该研究的合作者戴维·坦南鲍姆说，"这样的大型跨国研究得出的结果是一致的，这表明你可能触及了人性深处的某种东西。"

研究人员总结说，我们绝大多数人乐于认为自己是诚实的、道德的、利他的，尽管我们可能不会认为他人也是如此。简单地说，我们其实很像乔。

我们确信，即使他人不可信任，我们自己也是可信任的，这种确定性与我们的自我价值感相连。"民众智库"的研究人员调查了人们对成功生活的特征的个人看法，结果发现：在76个可能的特征中，"被认为值得信赖"排在第三位（虽然他们认为大多数人会把它排在第30位）。97%的受访者说他们在生活中是值得信任的，但他们普遍将"值得信赖"排在第30位。另外，93%的受访者认为自己相当可靠，认同"我这个人可靠，可以做出正确的决策"这句话。事实上，在认同这句话的受访者中，47%的人反应非常强烈，这表明他们很看重这种特质。

这些发现共同指向了一种严重的、破坏性极大的群体错觉。我们相信了泰勒主义及其关于人性的各种错误假设，因此，我们就认为大多数人都不看重可信赖性，都不能被信赖去做正确的决策；然而，我们绝大多数人都认为自己拥有这两种品质。显然，这两种情况是不可能兼而有之的。因此，要么"民众智库"的那些受访者在对自己和我们撒谎，要么他们误读了多数人。由于"民众智库"成功指数的研究方法几乎不可能作弊，因此，答案很明显：总体而言，人们是可信的；我们只是因为群体错觉而认为人们不可信。

现在，我们知道我们错了，其根本原因是根植于错觉的不信任感。那我们能做些什么呢？

我们的共同价值观

如果媒体值得信任，那今天的美国人就会争吵不休。表面上看，自由派和保守派似乎根本没有任何共同的价值观。皮尤公司 2019 年 10 月做过一次民意测验，结果发现：共和党人和民主党人都认为对方"心胸狭隘""愚笨""懒惰""不爱国"（虽然共和党人对民主党人的看法往往更为负面）。相比于 2016 年的民意测验，两党成员认为对方的道德水平低于其他美国人的比例急剧增加。[1]

然而，分处政治围栏两边的人实际上要比我们想象的相像得多。其原因如下。

在信任的道德根基中，都存在着一套共同的信念。这些所谓的核心共同价值观是对我们每个人至关重要的种种道德准则——比如值得信赖、诚实、正直——尤其是涉及我们的基本身份、目标以及实现目标的方法

---

[1] 2019 年，一项调查发现，共和党人受访者认为民主党人的不道德度比其他美国人高 55%，而民主党人受访者认为共和党人的不道德度比其他美国人高 47%。

的时候。

尽管看似令人吃惊，尽管有着赤裸裸的政治敌意，但我们私底下都共享大部分核心价值观。2021年，"民众智库"所做的一项研究表明：从各个方面看，我们大多数人对自己的生活、对整个国家都拥有相同的希望和优先选项。不同党派的美国人私底下都认为，个人权利、高品质的医疗服务、负责的领导层、社区安全、公正的刑事司法制度、平等对他们个人和美国的未来都很重要。我们还拥有共同的公平观念，希望从机构获得相同的服务，包括就业、教育、医疗和刑事司法。

事实上，在排名前20的向往价值观中，我们私底下都同意其中的15个价值观，包括相互尊重、创造有活力的中产阶级、发展现代基础设施、确保机会面前人人平等。

当然，加剧政治极化符合两党政客和媒体的利益，因此，他们会强调我们的差异性、遮蔽真实情况，使我们很难意识到我们实际上在很多问题上都有着相同的看法。以气候变化问题为例。

我们的研究表明：各个政治派别的美国人都认为需要解决气候变化问题，他们私底下将该问题的优先性排名第三，仅次于个人权利和医疗服务。然而，当我们询问受访者他们认为其他美国人会如何看待气候变化问题的重要性时，他们给出的排名是第33位。我们的公开看法和个人看法之间的这种明显差异再次证明：我们基于错误假设的看法是危险而扭曲的。

我们通常拥有相同的看法，理解并接受这一点是至关重要的，因为我们的共同价值观是信任的道德基础。由于我们长期以来缺失了信任陌生人的习惯，因此，我们的默认设置就是不信任他们，直到他们证明自己是值得信赖的。恰似有罪推定。然而，我们对彼此的推断结果根本就是完全错误的。而且，如果我们不给陌生人机会去证明他们是值得信赖的，那他们又如何证明这一点呢？这是"先有鸡还是先有蛋"的古老问题。

信任产生信任

假设你 15 岁，站在学校铺有瓷砖的走廊里，正在给朋友打电话，说要不要逃掉英语课去练习"烟草消费"技能。当然，你知道翘课是错误的，但你还是决定要翘课。因此，现在的问题是：如果被父母发现了，你该如何向他们撒谎？

如果你不能撒谎呢？因为你的老爸是世界顶尖的测谎专家。

对伊芙·埃克曼来说，这可不是假设。她的父亲保罗·埃克曼被提名为 20 世纪最富影响力的心理学家之一，开创性地将科学用于解读非语言信号所传达的特定情绪、揭穿谎言。他的测谎和拆穿谎言的策略已经被课堂、警察局和美国国土安全部采纳。

在躁动不安的青春期，伊芙每次上课日晚上外出或"宵禁"时间之后偷偷溜回家，都不得不面对埃克曼博士。听上去是个噩梦？意外的是，它不是伊芙的噩梦。

28 岁时，伊芙问她的父亲："你还记得你有过逮住我破坏你的信任或者当面拆穿我说谎的时候吗？"

埃克曼的回答是："没有。"

他解释说，诀窍就是：发现他的女儿做错事情后，不是主动地拆穿她的谎言，而是请她说实话。他说，他自己小时候面临的最大挑战是如何智胜他的父亲，这使得他养成了"一种完全秘密的生活习惯"，他长大后为此感到后悔。

埃克曼指出，父母不要防备，要信任孩子，孩子就会回报他们以信任。他说，对任何孩子而言，"最重要的，是他们觉得自己可以相信：不管父母是否赞成他们，永远都会给予他们帮助和支持"。培养这种亲子关系、养育值得信赖的孩子的最佳方式之一，是迈对第一步。简单地说，就是给予孩子信任。

但信任到底是如何起作用的呢？我们有可能教会自己更信任他人吗？

神经经济学家保罗·扎克（Paul J. Zak）是神经经济学这个新领域的开拓者，常年致力于回答上述问题。扎克最初做的是激素研究。老鼠实验表明：当一只老鼠认定接近另一只老鼠是安全的，"亲密激素"催产素水平就会飙升。扎克想知道它是否对人类也会产生类似的影响。某种激素可能使我们更信任他人或更值得被信任吗？

他决定采用"信任测试"（trust test）这种常见的社会科学实验方法。被试者获得一笔钱，并被告知他们可以将其中任意数量的钱在线转给某个陌生人。他们还被告知：他们每次转出金钱，其价值就会变为原来的三倍，但无法保证那位陌生的收款人是否愿意互利互惠，和转款人分享增值的部分。在此情况下，越信任他人的转款人，转款的数额越大，他们相信收款人至少会归还原始数额的金钱。当然，他们也面临着被陌生人背叛信任的风险。因此，越信任他人的转款人，也越容易受到伤害。

转款人决定通过转款相信陌生人（因为转款人可以选择要转出多少钱，因此，金额越大，就代表越信任他人）之前和之后，扎克都对其催产素的分泌量进行了测量。他还追踪了收款人的催产素水平，看看人们被信任时以及他们选择分享所赚金钱时的催产素水平变化情况。

结果令人惊讶。收款人获得的金钱越多，当然就越快乐（金钱数额越大，催产素的分泌量越多）。但催产素水平升高同他们决定分享增值部分也具有相关性。在一项测试这种相关性的后续研究中，转款人转出金钱之前，为了提升催产素水平，他们被施用了一种鼻喷雾剂。获得催产素的转款人转出的金钱数额，是对照组的两倍多。

实验证明，催产素不仅仅是亲密激素，它还会促使我们更信任他人、更值得被信任。（另一方面，其他研究已经表明焦虑会抑制催产素的分泌，这有助于解释我们焦虑不安时为什么会易怒或反社会。这也证明了催产素与信任之间的联系。）

埃克曼和他女儿的故事指向了某个比亲子关系更为重大的问题。它告诉我们，预测某人的行为是否值得信任的最佳因素是他是否被待以信任。听上去像是循环论证，但信任的作用方式就像是不断扩展的螺旋，每次我们选择信任，其影响力都会扩大。沉默螺旋会使人们彼此疏离和排斥，而信任可以使人们彼此相连、敞开心扉。

信任游戏：撬动更多的信任

信任游戏已经表明：如果收款人认为转款人信任他，将所有钱都转给他，他们更有可能效仿，将他们所有的钱和另一个"玩家"分享。换言之，如果你被陌生人信任过，你就更容易信任陌生人。

该研究还表明，信任他人的人，比那些不信任他人的人更值得信任。这意味着，我们任何人只需信任他人一次，就能够创造一种指导我们今后所有的互动行为的群体规范。不知名的读者，如果我愿意信任你，把我的钱包交给你，那这个决定就可以触发我们所在的群体和整个社会的信任度呈指数级增加。

假设你只要愿意更信任和信赖他人一点儿，就可以凭一己之力让全世界的信任度提升一倍。戴维·布鲁克斯称之为"勇敢的姿态，为这个吝啬的世界拓展信任，即使信任没有回报，也要对他人奉献信任"。事实证明，勇敢地迈出这一步，就可以打开改变之门。布鲁克斯补充说："有时候，你以为自己会被丢下，某人却毫无理由地抓住你，此时，信任之花就开始绽放。它如涟漪般地传遍整个社会，恰如风暴增强的美妙时刻。"

要开启这个过程,首先,我们只需更尊重我们的家人和朋友。然后,我们可以改变我们对他人的看法,以此努力拓展社会信任。我们大多数人都认为自己是诚实之人,通常诚实行事,就像乔·科内尔一样。然而,要真正面对这个事实,就需要我们意识到,我们对他人的看法和价值观的假设大多数时候完全是错误的。我们必须正视这些错误看法促成不信任感的各种方式。最重要的是,我们必须为自己想当然的看法承担起自己的责任,因为如我们所见,我们相互模仿的倾向使我们每个人都成为他人的行为榜样。

信任可以始于措辞这样基本的事情。在那项"信任游戏"的扩展研究中,被试者被给予很多机会信任或不信任对方玩家。为了测试"朋友"或"敌人"等先入之见是否会影响互动,心理学家还事先告诉被试者对方是"伙伴"或"对手"。结果表明,双方最初都对信任有着同样的期待,但"伙伴"之间的信任回报(或信任度)是"对手"之间的两倍多。换言之,如果人们被引导相信陌生人是合作伙伴而非竞争对手,他们回报以信任的可能性就会高出两倍多。

此刻,我几乎可以听见你的想法:"等一下,托德。这一切听上去太幼稚了。我的邻居们压根儿就不是我觉得可以信任的那种人。你是要我勇敢迈出一步,把我房子的备用钥匙交给他们吗?如果我们贸然地信任每一个人,我们不就等着上当受骗吗?"

当然,我不是说每个人都值得信任。周围的很多人确实都不值得你信任。我要说的是,由于不信任偏误的影响,我们很容易觉得那些例外就是规则。如果有些人确实有理由不值得信任,那不信任他们是完全可以的。但我认为我们必须问问自己:"这个人是真的不值得信任,还是我只是在为自己的不信任偏误寻找证据?"有一个你怀疑不够诚实的人,就有 1000 个乔·科内尔。

顺便提一下,如果你认为更信任他人的人更容易成为欺骗行为的受害者，那事实恰恰相反。加拿大的一项研究发现，"高信任度者"实际上比"低信任度者"更能发现谎言。低信任度者往往怀疑每一个人，而高信任度者因为从过去错误中获得了智慧，因而对他人的判断更敏锐。

你还可能在想："如果信任可能被背叛，会对你或他人造成真实的伤害，那怎么办？"碰到这种情况，你当然应该收回信任，除非你确信对方值得信任。还要记住一点：我们同他人的大多数日常互动，信任被背叛的可能性并不是太高。每次日常互动，你问自己"我能承受自己的信任被背叛的代价吗"，如果答案是肯定的，那就继续互动。原因在于，决定互动的那一刻，你应对的是巨大的机械效益。就像某人用滑轮起吊砖块，你自己面对的风险极小，却能对他人（和你自己）产生巨大的益处。其中的权衡与风险，类似于你为了保住喜欢的工作或养活家人而每天将车开上繁忙的高速公路。只要客观看待，这显然是非常值得的。

如果这还不足以说服你，那就为了自己的健康而信任他人吧。研究表明，信任可以让我们更健康、更宽容、更有生产力、更快乐。简单地说，当你觉得自己可以信任他人，你就会感觉这个世界更美好。

泰勒主义的反面：根除不信任偏误

20世纪50年代，8岁的莫里斯·莉姆·米勒同他的母亲和妹妹一起从墨西哥来到美国。他还记得，他看着他精明能干、足智多谋的母亲不断地尝试和失败，攀登美国的经济社会阶梯。"她是一个拉丁美洲女人，只受过三年级的教育，谁也不会信任她，"他告诉旧金山《东湾新闻》说，"她很有才干，但无法得到美国体制的认可。"

米勒大部分职业生涯都在为非营利机构工作，帮助穷人寻找住房和工作，尽力让他们摆脱贫困。在做这种工作20多年后，他开始发现受帮助者的成年子女登记报名参加同样的服务工作。他多年的工作信念是：他所在机构提供的住房和工作可以帮助这些孩子和他们的家庭进入中产阶层。他们做错了什么呢？

米勒自己的家人得到过共享知识、资金和资源的其他移民的支持，成功摆脱了贫困。受此启发，米勒辞掉工作，成立了基于社区的非营利组织"团结向上"（UpTogether，最初叫作"家庭独立计划"），为贫困家庭提供他们革新和掌控自己生活所需的信任和支持网络。

事实上，20多年的贫困人群数据表明，赋能自主、培育支持性社区、围绕人们的长处关注资源的获得性，这些都能极大地提升美国贫困人群的经济和社会流动性。"团结向上"组织就是基于此展开工作的，将贫困人群由无助的"慈善关怀对象"转变为有创造性的、为改善生活而奋斗的勇士。其目标是对家庭给予信任和投资。

"团结向上"网络平台每月都向那些独立努力改善生活的家庭提供现金帮助，而且没有附加任何条件。它还为会员提供社交网络或其他能够分享经验、合作、实现自己目标的家庭和个人的网络"群"。米勒将其描述为"谁也不用告诉这些家庭做什么的纯粹模式"。这种模式删除了管理，赋能人们自己找到前进的道路，因而免于家长主义的压制。正如来自得克萨斯州奥斯汀市的"团结向上"会员伊凡娜·奈利所言："人们真正需要的，不是援助之手，而是托举之手。"

塔妮娅·琼斯就是这样的一个人。2019年加入"团结向上"组织后，塔妮娅提升了自己的信用评分，为自己的生意注入额外的资金，最终还清了她几个月以来一直想偿还的各种账单。2020年3月，世界面临疫情的肆虐和经济危机，塔妮娅利用"团结向上"组织提供的资金作为首付款购买了住房。按揭贷款获得批准，让她感觉"难以置信"，她说。2020年5月，她和家人搬入了新家。

2020年，"团结向上"组织为那些在金融方面受到新冠疫情影响的20多万家庭和个人提供了大约1.3亿美元应急资金。在计划开展的社区，"团结向上"组织将领取福利补贴的家庭数量平均降低了36%，家庭月收入增加了23%。其会员的生意月收入也增长了77%，退休储蓄翻了一倍，子女的受教育程度也有了提高。

波士顿市参与该计划的家庭中，加入计划前生活在贫困线下的家庭，有41%的家庭三年后就越过了贫困线。会员家庭还报告说，他们的健康得到改善、存款增加、负债减少、子女学习成绩提升。用"团结向上"

会员阿里亚的话说："我们每个人都处境艰难，都在努力提升自己……作为一个群体，我们意识到团结就是力量！"

"团结向上"的成功，是我更喜欢通过现金转账去支持和赋能那些面临贫困的人的一大原因。世界各地越来越多的证据表明，提升人们的自尊和独立性确实能给他们带来积极的影响。不附加条件地给予穷人现金支持，可以改善他们的生活、提升他们未来赚钱的潜能。如果你开始对社区的所有家庭都这样做，合作和社会信任的水平就会有所提升。

例如，加州的一项研究表明，两年内每个月获赠 500 美元而且未被告知如何花费这笔钱的被试者，26% 的人都还清了债务、找到了工作、情绪健康有了明显改善。在墨西哥农村地区进行了另一项实验，目的是看看给予人们现金帮助和食物帮助哪个更有效。他们发现，现金转账会产生积极的健康影响，部分原因是收款人将这笔现金用于支付药品和交通等必需品。实验表明，这个现金计划的管理成本也下降了 20%。还有一项在加拿大进行的研究，研究人员一次性给予 50 名无家可归者每人 5700 美元，然后在接下来的一年半时间内跟踪他们的生活状况。获得这笔金钱的人比那些登记领取社会救助的人能更快地获得食物和住所，此外，他们用于购买酒精、香烟或毒品的钱也减少了 39%。

大量研究已经揭露了泰勒主义是一种零和的权力游戏。然而，那些家长主义的做法在我们的体制中仍然根深蒂固。如果我们真的希望根除"不信任偏误"，就必须解构支撑这一偏误的体制基础。这一点，已经在泰勒主义诞生之处——商界——开始显现。

———— ✦✦✦ ————

总部位于加州农业心脏地带的晨星公司（Morning Star）是美国最大的西红柿产品生产商。其管理模式同传统的层级组织截然相反。晨星公司不是通过管理人员和监管者来保证员工的生产力,相反,它依靠的是"自我管理"模式:员工们自主决定适合自己的公司职位和工作目标。任何员工都可以动用晨星公司的"金库"购买自己所需的东西,无须得到上级的批准。"同事们"对自己做什么以及怎么做都拥有发言权和选择权。员工们负责发起招聘流程,他们可以对公司的任何方面自由表达担心和提出建议。"同事们"被鼓励创新,根据自己的兴趣和技能制定年度的"个人商业任务"。

这种颠覆层级的管理体制效果非常好。过去20年来,晨星公司一直保持两位数的增长率,公司的550名全职员工每年创造的产值高达8亿美元。就算按照泰勒主义的标准,这些成果也是非常耀眼的。

那秘诀是什么呢?这家公司是如何开出"无政府主义"处方并将其转化为蓬勃发展、运转平稳的商业事业的?

答案就是两个字:信任。

它始于泰勒主义"处方"的对立面:也就是说,公司决定放弃对员工的控制。员工摆脱了老板和管理人员的官僚主义和财务重压,能够自由地、合作性地工作,最大限度运用自己的技能。员工们不再被3000来份的工作协议构筑之网缠住手脚,公司的运营依靠员工的承诺和责任之网,这张网取代了原本的管理团队的工作,而且没有任何管理成本。

有人会说,晨星公司过于信任员工们做出正确决策的能力,从而将自己置于脆弱的境地。然而,事实证明,信任可以创造丰厚的利润。晨星公司也是一个很吸引人工作的地方。在其他条件相同的情况下,大多数人都愿意选择晨星公司这样的地方工作,而不会选择严格奉行泰勒主义的组织。

晨星公司就是商业学者们所称的"高信任度"公司,商业世界的其他公司也逐渐"醒来",意识到这类公司早就知晓的秘诀:信任很重要。保罗·扎克等人的研究已经发现,整体信任度最高的公司的员工更快乐,更有生产力、更投入。那些在高信任度的职场工作的人，也感觉同老板的目标更一致。他们对同事更忠诚，关系更紧密，获得的报酬也更高。此外，高信任度公司也更有生产力，更具创造性，最终，创造的利润也更高。

建立信任度更高的社会规则

如果我们能把高信任度扩展到国家层面，那会是什么样的景象呢？

挪威是全世界邻里信任度最高的国家之一。从这个角度看，有数据表明，斯堪的纳维亚人对他人的信任度是美国人的两倍。通过社区和政府计划提供的社会支持和结构，这些国家培育起安全感和信任感。因此，它们的法律诉讼和行政管理流程的负担较低，相比于人们保持正直诚实，这些流程造成的复合成本和复杂性更高。[1]

如果你想看看高社会信任度会打开怎样的未来，你只需看看挪威的监狱系统。在挪威，监狱的目标不是惩罚犯人，而是改造犯人，让他们能够回归社区，成为对社会有贡献的公民。挪威的刑罚政策基本上是说："你已经失去了参与外界活动的自由，但现在你有机会改造自己，因此，请利用监狱中的这段时间好好反思，吸取过去的教训。"

---

1 在新冠疫情的背景下，人们对政府医疗系统的信任使个人遵从抗疫措施的比例非常高（挪威和瑞典均超过98%）。

例如，哈尔登是挪威的一所安全感极高的监狱，关押着 250 多名犯下贩毒、暴力袭击、强奸、谋杀等罪行的犯人。[1] 在美国，这意味着是《肖申克的救赎》中的那种围墙高筑的堡垒。然而，在挪威，占地 75 英亩的哈尔登监狱就像是一个小村庄或开放的大学校园。牢房看上去像寝室，全部配备有平板电视和私人浴室。公共区域配有现代化的厨房和舒适的椅子。墙上装饰着艺术品。宽大的窗户让房间光线充足，监狱四周和中央庭院有大片的绿色景观区域。监狱还设录音棚、健身房和运动场。犯人们同监狱工作人员一起工作和生活，他们是有用的社区成员，学习汽修、计算机编程等宝贵的技能。[2]

"这所监狱的各个方面的设计，都是为了降低心理压力、减少人际冲突、促进犯人改造。"哈尔登监狱的一位高级建筑设计师古德伦·莫尔登说。数字可以说明一切：在美国，犯人获释两年内再犯罪的比例平均接近 70%；在哈尔登监狱，这一比例只有 20%。

与之相比，美国的刑罚体制则截然不同。美国监狱的设计是为了惩罚犯人而不是改造犯人，强迫犯人失去独立、身份和自尊。罪犯们被关在监狱里，据说是为了保护社会安全；美国的监狱系统表现出某种强烈的报复性和寻找替罪羊的渴望。这种渴望的代价非常巨大：每 10 万美国居民中就有 700 人被关在监狱中，每年要花费纳税人 1800 亿美元的金钱。

当然，每个国家都有自己的罪犯管理策略。但挪威的这个例子让我们看见了以前在美国似乎不可想象的东西。美国监狱系统就是根植于泰

---

1 哈尔登监狱由丹麦的埃里克·莫勒建筑设计事务所和挪威的 HLM 建筑设计事务所共同设计。2010 年，哈尔登监狱因为其室内设计获得"阿伦斯坦·阿尔内伯格奖"。
2 研究表明，单独监禁会加重情绪创伤。"隔离综合征"这个术语是指监狱的这种惩戒行为所导致的严重而持续的后果。

勒主义、旨在管束和惩罚的群体错觉的产物，揭露这个系统，可以告诉我们应该如何改革各种家长主义机构。

这并不是说，我们一夜之间就能解决社会信任问题。远非如此。但我们首先要做的，是意识到家长主义在延续这些问题，破坏我们相互信任能力方面的作用。

我们可以基于诸多的共同价值观开始更好地交流，不再盲目相信媒体想让我们相信的那些差异。作为个体，我们每个人都可以在自己的生活中努力做到更诚实、更自我一致，这样做肯定会产生指数级的"红利"。改变我们的机构，让人感觉是一项"赫拉克勒斯[1]"般艰巨的任务，但如果我们率先从"团结向上"组织、晨星公司和哈尔登监狱开始，教育、刑事司法制度、医疗、政府部门等公共机构就会效仿。

然而，没有信任，这一切都是不可能的。信任是我们彼此欠缺的东西，没有信任，我们所有人都很难过上自我一致的生活、保持强大的社会结构。有了信任，我们会待人宽容。我们欢迎不同的观点。我们会赋能人们做出选择。宽容和自主结合起来，人们就可以整合内在自我和外在自我。相互信任，我们就可以让社会规范以有利于我们的方式发挥作用——任何人让他人噤声或通过控制手段剥夺他人尊严的做法都是不可接受的。

如果我们每个人都能更信任他人一点儿、让信任之花开得更盛一点儿，美国就可以走出文化混乱状态。我们可以开始更信任我们的机构，反过来，它们通过信任我们得到发展和提升。迈出这样的小步伐，就可以启动积极的信任循环。

---

[1] 因出身而被宙斯之妻赫拉诅咒，导致其在疯狂中杀害了自己的孩子。为了赎罪，他完成了12项"不可能完成"的任务。

第 9 章
活得真实

世界因人们看待世界的方式而改变，
因此，如果你能够改变人们看待现实的方式，
哪怕只改变一点儿，你就能改变这个世界。

——詹姆斯·鲍德温（James Baldwin）

沦为弱者

在今天的美国，我们面临着类似的境况。在泰勒主义和系统性家长主义齿轮的碾压之下，我们往往会认为我们也是软弱无力的。事实上，如果我们参与到奖励顺从、惩罚异见的体制之中，我们就是主动交出自己的力量。盲目服从是我们为了归属感而付出的代价。不管我们是否意识到，它都会让我们成为那些伤害我们每个人的群体错觉的合作者。与革命爆发前的捷克人民不同的是，我们是作茧自缚——根本不需要刺刀和炮弹。

———— ✦✦✦ ————

自我不一致——不管是因为我们模仿他人、沦为群体错觉的受害者，还是因为我们让自己和他人消声——会持续伤害我们的自我价值，降低我们的幸福感，使我们更难发挥自己的全部潜能。

一个悖论是，从众也会伤害我们所在的群体，原因在于：如果我们保持沉默，我们就剥夺了群体获得其发展和改善所需的那些东西。真相、信任、诚实和新的视角被忽略、压制、惩罚或拒绝，进步就会停止。由此产生的群体错觉就会阻碍群体提升其成员。屈从于这些群体错觉，群体成员就会违背自己的兴趣。此刻，他们更像是僵尸般的祭师，为归属感而归属于群体。社会排斥和疏离让他们感到恐惧，于是，他们就会为自己个人和群体付出的代价寻找合理的理由。

正因为如此，盲目从众可以说是我们每个人都会沉溺其中的最自私的事情。

如你所知，群体错觉引导我们看见的是分裂，即使现实是团结。它们遮蔽了我们的共同价值观。它们为我们彼此恐惧火上浇油，阻碍各种进步。因此，我们发现自己深陷信任危机，饱受黑暗而危险的无力感的煎熬。但事实上，我们根本就不是毫无力量。群体错觉不过是人为的幻觉，只需动动手指或类似的行为就可消解它们。我们无法让它们一夜之间消失，但我们可以采取个人行动来创造变化。

我们就像是《绿野仙踪》中穿着红宝石鞋的桃乐丝。我们可能还没有意识到自己的力量，但力量就在那里，就藏在我们的视野之内。用哈维尔的话说："真正的问题，是更光明的未来是否真的总是那么遥远。如果它早就已经在那里，只是我们因为盲目和软弱而没能看见它就在我们身边、就在我们内心，因而阻碍了我们去创造它，那怎么办呢？"

如何自愈

1990年,越南政府求助于国际非政府组织"救助儿童会"(Save the Children)美国分会,请求帮助解决大范围的儿童营养不良问题。当时,63%的越南儿童——甚至是较为富裕家庭的孩子——都营养不良。于是,"救助儿童会"指派项目主管杰瑞·斯特宁(同行的还有他的法国妻子和工作搭档莫妮克)前往河内,看看能提供什么帮助。

斯特宁夫妇不但保持着终生的浪漫关系,也拥有我们所说的"使命感驱动"的婚姻纽带。然而,到达河内后,他们意识到自己面临的是一个几乎不可能完成的任务。

除了语言障碍,这对美法夫妇还被人投以怀疑的目光,部分原因是法国的殖民历史和美国发动的长达数十年的越南战争。(当时,美国还在对越南执行贸易禁运政策。)斯特宁夫妇还面临着传统的家长主义的国际"援助"模式长期存在的两大难题。这种"到来、喂食、离开"模式是一种权宜之计,会造成依赖性,也不具有可持续性。杰瑞称之为"正确但无用"模式(TBU):他认为,"你在那里的时候,情况会改善,但只要你一离开,情况就又回到起点。"

越南政府给予斯特宁夫妇的期限只有短短6个月，他们必须在此期间让儿童营养不良问题有所改善并且建立起更可持续的救助模式。到时候，如果儿童营养不良问题没有实质性的改善，这对夫妇就会被赶走。要推出一个全新的、覆盖全国的实验项目，平均需要一年的时间，因此，他们没有太多的"演习"空间。斯特宁夫妇没有员工，没有办公室，没有给养，不懂越南话，也没有营养学专业知识。但他们给当地人带去了新的行为改变方法：杰瑞在孟加拉为"救助儿童会"工作期间发现了这种方法。

他们去到贫困的村庄，不是作为高高在上的家长主义的专家，拥有现成解决方案；相反，他们着力培养尚未完全成型的两大核心理念。第一大理念是：在每个社区，都有人掌握着解决当地问题的钥匙。第二，一旦找到解决办法，必须由当地人——而不是专家——去分享和实施。

斯特宁夫妇没有将自己视为问题的解决者，而是作为谦逊的提问者和解决问题的"催化剂"。接触到这个任务时，他们想知道当地人知道哪些他们不知道的东西。他们首先同越南妇女联合会合作，为村庄儿童量体重，划分家庭的穷困程度。然后，他们邀请当地的志愿者利用所得的数据，提出一个简单的问题："这里的一个非常贫困的儿童有可能获得良好的营养吗？"

根据他们收集的数据，得到的回答是：是的！

下一个问题是："那些营养状况良好的儿童是谁？"

在越南妇联的帮助下，斯特宁夫妇找到这些儿童，发现他们的家庭拥有的资源同那些营养不良儿童的家庭相差无几。然而，这些儿童的母亲的喂食方法与规范做法不同。她们在孩子的饮食中少量补充了从她们劳作的稻田里捕捉到的小虾和螃蟹以及红薯叶（被认为是劣质的食物）。她们还每天喂食孩子三到四餐，而不是更为常见的两餐。

这些母亲在孩子饮食中添加的这些营养食物，每个人都可以获得。

但绝大多数人甚至都没想过利用它们，因为这根本就不是规范做法。因为盲从这种不良的规范，她们的孩子无法获得所需的热量，因而出现营养不良。大多数（营养不良的）越南儿童都被随意喂养，他们的父母忙于工作，无法关心孩子的饮食。稻谷常常歉收，只有得到外来粮食救济，家人才有饭吃。每天吃一两餐，主要吃稻米，几乎不吃别的东西：这是常态。虾还被认为无益于儿童，因此，大多数家庭都不让孩子吃虾（同16世纪的那些"有毒"西红柿是多么相像）。此外，那些喂孩子更有营养的餐食的母亲担心自己的做法违背规范，因而没有公开地和他人分享。

总之，每个人都受害于这样的群体错觉：他们很穷，因此，只有得到更多的奶粉、食用油、蛋白饼干和其他加工食品这样的外来食物救助，他们的孩子才有足够的东西吃。大多数村民都没有意识到，他们中有些人已经找到了这个问题的解决办法。但斯特宁夫妇了解到，有些最贫困的家庭却拥有营养状况良好的孩子。这些家庭就是他们所称的"亮点"。

下一步很关键：将他们发现的这些至关重要的私人信息公之于众。他们意识到，信使和信息本身同样重要；他们清楚，那种常见的、没有实际效果的政府宣传方式（广播喇叭）和统一指导无法解决这个问题。于是，为了宣传少数人的最佳喂养方法，斯特宁夫妇召集村民组成社交网络（一群当地人，可称之为"我们这样的人"），让他们邀请健康儿童的母亲（其他"我们这样的人"）同其他母亲分享自己亲身实践过的育儿智慧。

这些社交网络里的每位健康儿童的母亲都要邀请8～10位营养不良儿童的母亲到家里聚餐，要求她们带来虾、螃蟹和红薯叶。然后，这位健康儿童的母亲和其他母亲们一起为整个群体做饭。几个星期后，营养不良儿童的母亲就战胜了恐惧，开始采用健康儿童的母亲的最佳喂养方法。很快，她们就发现这些新食物也使得她们的孩子更健康，从而进一步促进了这种新的喂养规范的传播。

斯特宁夫妇将这种亲身实践过的做法归结为两句话："耳闻不如眼见，眼见不如动手""通过动手养成新的思维方式，比通过动脑养成新的行为方式更容易"。

6个月后，斯特宁夫妇向越南政府交出了"答卷"：那些打破常规的家庭的孩子，其体重都增加了。莫妮克后来提到："你真该看看那些父母讲述自己孩子如何得到康复时脸上的表情。"这对夫妻获准继续留在越南，两年后，参加这个计划之前营养不良的儿童中，80%的儿童都获得了身体所需的各种营养。越南政府成了这个计划的"超级粉丝"。为了传播这些新的营养喂食方法，他们创立了"生活大学"，在这里，人们可以触摸、嗅闻、观察、倾听和模仿。到了20世纪90年代末，超过500万个家庭都有营养不良的孩子恢复了健康，很多这些孩子的弟弟妹妹也受益于营养状况的改善。

正向偏差模式

斯特宁夫妇这种谦逊而独特、由探究驱动的方法拥有一个正式的术语："正向偏差"模式（positive deviance），或者说，偏离负面规范的正向行为。[1]（斯特宁夫妇说，他们经常会联想到他们在世界各地听到的人们所使用的类似术语。例如，在孟加拉，人们会说"为什么不呢？"，莫桑比克的莫库阿部落人会说"远处的棍子打不死近处的蛇"，还有一些其他地方的人会说"大卫和歌利亚"[2]。）正向偏差原则的基石，是尊重地方情况、强调赋能那些已经拥有问题解决"秘诀"的社区、相信人的聪明才智是任何群体的最强大的资产。

斯特宁夫妇的方法所到之处，都获得了成功。它促进了卢旺达青少年的健康教育，帮助美国医院遏制了耐药性葡萄球菌感染的传播，预防

---

[1] 该术语的创造者为塔夫茨大学营养学家玛丽安·泽特林。
[2] 指一场以弱胜强的战斗。非利士人入侵以色列，大卫到达前线时，他看到敌方的巨人哥利亚冲了上来，以色列人抵挡不住。这时，大卫率众走上战场，用甩石机甩出石头打昏了哥利亚，一举冲上前去，杀死哥利亚，挽救了以色列。——编者注

印度尼西亚异装癖性工作者感染艾滋病，甚至提升了"财富500强"公司的业绩。

实践证明，解决群体错觉根深蒂固的地方存在的问题，正向偏差法尤其有用。一个特别棘手的例子是女性割礼（FGM），这是一种残忍的、危险的、延续数百年的强大规范。女性割礼主要盛行于北非，其手术方法是：用剃刀部分或全部割除女童或少女的阴蒂、阴蒂包皮和阴唇。最极端的女性割礼还会包括：通过手术缩窄或缝合阴道口。这种做法被认为可以让女性保持贞洁、适于结婚、对性不感兴趣，因而被用作确保女性"纯洁"的策略，而那些没有接受割礼手术的女性则被视为丑陋乏味的、不道德的女人。忍受这种手术的痛苦是女人获得完整的社会地位和女人味的一部分。"未受割礼"被视为羞耻，不但会危及女孩本人，还会危及她的家人。

除了会带来身体痛苦和各种风险，女性割礼还会引发创伤后应激障碍。母亲和其他执行割礼规范的亲属用饼干或其他有诱惑力的东西讨好女孩，欺骗她接受割礼手术，因此女孩会感觉自己被他们背叛。妇女们报告说，这种背叛摧毁了她们对家人的信任。被迫接受割礼的妇女，出现精神疾病、焦虑和低自尊的风险更高。很多受割礼的妇女实际上并不支持这种做法。埃及的一项研究表明，那些私底下反对女性割礼的父母仍然担心：如果他们的女儿不接受割礼手术，她们长大后到了适婚年龄会被公开排斥。于是，他们做了一个"魔鬼交易"：为了拯救女儿的未来，他们牺牲了她们的信任，让她们承受健康受损甚至失去生命的风险。[1]然而，几乎没人敢谈论这种可怕的状况，害怕成为社会污名化和排斥主

---

[1] 接受过割礼手术的埃及女性数量与布基纳法索的情况相当：超过95%的15~49岁的埃及妇女接受过割礼，而37%的人认为应该停止这种做法。

义的目标。

2002年，莫妮克·斯特宁受聘担任解决这个问题的特别顾问。她的使命是把正向偏差模式应用于实施女性割礼的文化压力巨大的埃及。莫妮克拥有她和杰瑞在越南学到的经验，她一开始表现得很谦逊，温和地请求人们回答有关女性割礼的问题。她还寻找正向偏差人群：女儿可能尚未接受割礼手术的家庭。

"女孩不接受割礼会怎么样？"她想知道，"女孩不接受割礼手术，有可能保持贞洁吗？"

要找到这样的女孩和家庭，比寻找那些营养良好的儿童更为棘手，因为莫妮克寻找的是人们**没做**的事情。但通过小型社区会议询问上述问题，她促使人们从宿命论转向好奇。

一位主任直直地盯着我，仿佛要对我测谎。"难道你们不用行割礼吗？"他问道。

"是的。在法国，女人都不用接受割礼。"我回答说。

他惊呆了，一阵尴尬的沉默之后，他表示抱歉。

他的女助手坐在后面，全程在场，听得很专心，她羞怯地问道："你们不行割礼，不会总想性生活吗？"

"不会，有时候我会头疼。"我幽默地回答道。

我的回答引起哄堂大笑，证明女人的某些策略是世界通用的。

本着相互了解的精神，莫妮克和社区志愿者的关系慢慢地融洽起来。她发现，有几位女性和男性愿意谈论割礼对女性造成的伤害——起初不是面对面，而是在录像上谈论。一位是祖母，另一位是医生，还有一位是父亲，有四个女儿，她们在自己的社区都有很好的名声。他的大女儿和二女儿都接受过割礼，但二女儿差点儿死于出血过多，然后他决定不再让另外两个女儿接受割礼。在一次小组访谈会上，他大胆地说道："看着我！我有四个女儿。你们都知道的，她们都是纯洁的好女孩。两个行过割礼，两个没有。她们之间唯一的区别是，两个被我严重伤害，两个被我拯救。"

由于受到社区会议的鼓励，而且知道自己并不孤单，这些正向偏差者开始和自己的家人及邻居认真讨论这个敏感的话题。渐渐地，这个规范开始在他们的影响范围内流转和传播，形成新的、正向的信息传播链。锈迹斑斑的割礼之锁开始松动。

莫妮克踏足埃及 5 年后，埃及政府推出了部分基于正向偏离模式的"放弃女性割礼"计划。到 2007 年，该计划已经影响了 40 个社区的 1693 个家庭。看见"就像他们一样"的其他人放弃割礼做法的人越多，向好的变化就越多。加强妇女教育似乎有助于这一转变：一项研究发现，数十年来，埃及各个社会阶层的女性割礼做法一直在稳定地减少。

看看世界上各种重大的棘手问题，我们很容易认为解决办法肯定也同样复杂棘手。斯特宁夫妇的工作证明事实恰恰相反。正向偏差模式是我所知道的解决复杂社会问题最为强大的办法。其最大的经验是：改变总是藏在普通人的手中。你我都可以为消除群体错觉发挥作用。正如圣雄甘地所言，我们希望看见世界有什么变化，我们就有责任成为这种变化。

重拾力量

重拾我们的力量，不只是一句空洞的口号。它是真实的、可行的，它始于我们自己的内心。它要求我们每天致力于自我一致，信任他人，努力敲裂群体错觉，这样阳光才能照射进去。

哈维尔号召我们在自己个人生活的"隐秘领域"保持自我一致，承担起"真实责任"。然而，由于我们太疏于实践，我们必须有意识地开始锻炼我们自我一致"肌肉"的反射动作。忍受了数十年的压制和消声，哈维尔的同胞们已经失去了自我一致的习惯。他们早就屈服于官僚主义。虽然哈维尔真实的自我表达被视为幼稚之举，但他知道批评者们不知道的某种东西：一个基于谎言的体制无法存活于真相的阳光之下。

但只是知道真相还不够。要做到自我一致，还需要我们像鲍伯·德莱尼那样，努力活得真实，遵循自己灵魂和良知的要求而不是遮蔽我们的群体错觉的外在规范。

只是私下认同你从本书学到的东西也是不够的，事实上，如我们所知，保持沉默是危险的。因此，承担真正的责任，还需要我们为其他人树立榜样。你我可能不如哈维尔和斯特宁夫妇那般有远见卓识，但我们可以是越南村庄的那位母亲，我们可以是捷克斯洛伐克的那位果蔬店主，我们可以是拒绝伤害自己女儿的父亲和母亲。如果养育有健康孩子的那位越南母亲觉得有责任分享自己的育儿知识而不是为自己的标新立异感到羞耻，那越南政府就不需要斯特宁夫妇的帮助。如果埃及那对养育有纯洁女儿的父母公开质疑女性割礼的必要性，莫妮克就不必鼓励那种对话。同他们一样，你我也有责任开诚布公地讨论我们自己的规范，尤其是那些我们感觉正在遮挡我们交流之门的规范。开启这些对话永远不会太早，也永远不会太迟——只要我们找到对话的勇气。

公开表明立场，并不是在社交媒体上向那些会扭曲你想法的虚拟空间网民（甚至根本就不是真人）瞎说乱讲，也不是鲁莽地让自己暴露于嘲讽和危险之中。相反，公开保持自我一致，是在有血有肉的社区成员面前做到想法和行为一致，是让自己的外在真实同内在真实保持一致。

这似乎显得太过苛刻。但你回想一下，斯特宁夫妇如此轻易地就解决了那个大范围的营养不良问题。你只需一个有力的真相，给它装上社交网络"轮子"，你就拥有了一辆"赛车"。开始的时候，你可以利用你从本书学到的技巧。良知被唤醒时不要保持沉默，问问"为什么？""为什么不呢？"，开启敏感而重要的讨论；接纳自己和他人身上的不同；留意经自己臆断的想法，不要害怕面对它们；信任陌生人，如果没有明显的不信任理由。

如果我们能敲开群体错觉的第一丝裂缝，我们就会为家人、朋友、邻居和社区做出超乎我们想象的贡献。榆树谷那位教堂牧师决定和当地人一起玩牌，当地的整个社会性格都发生了变化。由于社会心理学家所罗门·阿希的研究，我们现在知道，只需有一个人（比如安徒生童话中的那个小男孩）站出来说真话就能转变公众舆论。哈维尔文中提到的那位果蔬店主开始在市镇聚会上公开表达想法，就敲开了当局的裂缝。令人意外的是，他很快就得到了支持，因为城里其他人的感受同他的完全一致。

"有了更好的体制,不一定自动就会有更好的生活,"哈维尔写道,"事实恰恰相反:只有创造更好的生活,才会形成更好的体制。"你我每天做出的哪怕最微不足道的选择,都能让这个世界变得更好或更糟。拒绝活在谎言中这一行为虽然简单,却能让我们个人和社会发生脱胎换骨的改变。换句话说,尽力过着自我一致的生活,这是我们为自己和他人所能做的最重要的事情之一。

事实上,只要我们团结一致,就没有解决不了的问题。那些藏在明处的社会问题,我们已经拥有了答案。我们并非像有人告诉我们的那样分裂。我们拥有共同价值观。我们值得信任,我们希望彼此都过得好。只要意识到自己的个人力量,致力于自我一致,站出来公开表达自己的想法,我们就能驱散群体错觉的迷雾,兑现我们改良社会的诺言。

人人内心都有某种渴望,渴望拥有作为人应有的尊严,渴望道德高尚,渴望自由表达自我,渴望超越物质世界的感觉。同时,人人也都或多或少地会妥协,甘愿生活在谎言中。人人都会以某种方式屈服,屈服于庸俗化自己的固有人性,屈服于功利主义。人人内心都会有某种意愿,甘愿融入乌合之众,随波逐流于虚伪生活之河。

——瓦茨拉夫·哈维尔

致谢

我很高兴地说,《从众陷阱》是真正的合作努力的结果。我写作本书的搭档,是我的好友、同事和故事架构师布朗温·弗莱尔。她给予了我事无巨细的帮助,从本书的构思到故事、研究、措辞和编辑。没有她的热心、奉献和贡献,本书是不可能以现在的模样问世的。能与这样一个才华横溢、心地善良的人合作,真是一大乐事。

我要感谢我的编辑——阿歇特出版公司的劳伦·马里诺,她从一开始就深知本书的巨大潜力,帮助我确保本书所包含的见解能够传达给尽可能多的受众。我还要感谢弗雷德·弗朗西斯、詹妮弗·凯兰和莫莉·韦森菲尔德,感谢他们对本书给予的帮助。

我要特别感谢我的好友和代理人基思·乌尔巴恩。他帮助我把粗略的想法变成商业计划,对本书的成品做出了诸多的贡献。我还要感谢杰夫林公司的出色团队,包括弗兰克·斯肯巴里、罗宾·斯普劳尔、马特·拉蒂默和马特·卡里尼。

本书得益于"民众智库"公司同事们给予的真知灼见和莫大支持：沃尔特·哈斯、黛比·纽豪斯、杜威·罗塞蒂、帕里萨·鲁哈尼、比尔·罗塞蒂、米米·格布斯特、凯利·罗亚尔、弗拉德克、凯尔·布洛克、布伦顿·埃利斯、斯特凡·马斯奇——感谢他们帮助我们改进了发现群体错觉现象的方法；感谢鲍伯·德莱尼给予的美好友谊；感谢乔安·麦克皮克给予的莫大鼓励。

此外，许多学者也影响了我对群体错觉的想法，特别要感谢的是：安彦明、阿比吉特·班纳吉、雷吉娜·贝特森、格雷戈里·伯恩斯、克里斯蒂娜·比基耶里、苏希尔·比克查恩打尼、罗伊·鲍迈斯特、玛丽莲·布鲁尔、丹尼尔·坎贝尔-米克尔约翰、塔妮娅·沙朗德、尼古拉斯·克里斯塔基斯、约翰·达利、罗宾·邓巴、托马斯·吉诺维奇、马可·亚科波尼、瓦西里·科鲁恰雷夫、蒂穆尔·库兰、比布·拉塔纳、凯西·麦克法兰、安迪·梅尔佐夫、戴尔·米勒、伊丽莎白·诺埃尔-诺伊曼、埃里克·努克、黛博拉·普伦蒂塞、索尼娅·罗卡斯、莫尼克·斯特宁、凯斯·桑斯坦、亚历克斯·塔巴罗克、吉普林·威廉姆斯、保罗·扎克。

凯琳、奥斯汀、内森——感谢你们给予我的耐心以及对本书做出的贡献。你们的支持对我意义非凡。我要感谢我的父母拉里·罗斯和丽达·罗斯，感谢你们为我做出的伟大榜样和巨大付出。我也要感谢我的孙女奥德丽、艾米莉和娜塔莉带给我们的快乐和幸福。